20대 청춘단련법

스펙을 이기는
필살기 트레이닝

20대 청춘단련법

최중식 지음

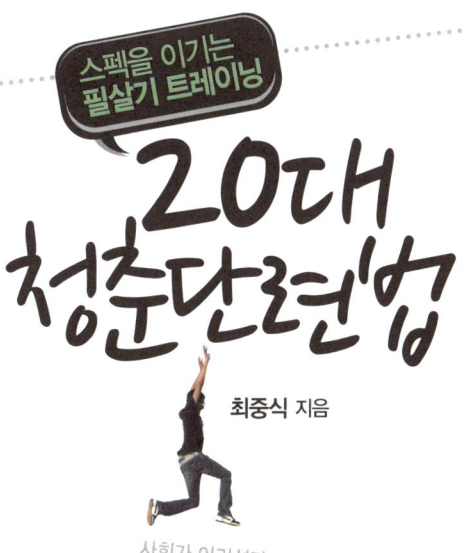

사회가 어리석다고 비웃어도
그들의 룰대로 살기엔 너무 젊습니다
남들이 불쌍하게 쳐다봐도
그들보다 큰 그림을 그린다고 확신합니다
시간이 지나 오늘을 돌아볼 때
반드시 웃을 거라고 믿습니다

위즈덤하우스

젊음을 위한
열정회복제이고 싶다

이제 막 사회에 첫발을 내딛은 스물여덟 살 새내기. 회사생활에 적응하기도 바쁜 팀의 막내. 과거에 내가 무엇을 해냈든, 지금의 나를 정의하는 것은 이 두 가지뿐이다.

'현재의 부족함을 겸허히 받아들이고, 누가 뭐라고 해도 스스로에 부끄럽지 않게!'

입사 이후 늘 그렇게 다짐을 하며 '프로'라는 세계에 조금씩 나를 맞춰가고 있던 어느 날, 한 통의 전화를 받았다.

"안녕하세요, 위즈덤하우스 출판사입니다."

"예, 안녕하세요. 무슨 일이신지요?"

"최중식 씨가 본인의 경험을 바탕으로 20대들을 위한 책을 한번 써보는 건 어떨까요?"

"아, 좋게 봐주셔서 감사합니다만, 제 이야기가 과연 20대들에게 도움이 될까요?"

"학벌 중심의 한국 사회에서 최중식 씨의 성공사례는 요즘 청년들에게 롤모델이 될 수 있을 것 같습니다. 열정이라는 막연한 관점이 아니라, 그것을 구체적인 결과로 실현시키기 위한 과정이 흥미롭다고 해야 할까요? 주어진 환경에 좌절하지 않고, 자신의 길을 만들어간 실행력에 저희도 감동했으니까요. 최중식 씨의 솔직한 이야기들이 지금의 20대는 물론, 기성사회의 고정관념을 깨뜨리는 데에도 중요한 역할을 할 수 있을 것 같습니다."

서른도 되지 않은, 아직 철없게만 느껴지는 내가 20대 친구들을 위한 글을 쓸 수 있을지 처음엔 조금 망설여진 게 사실이다. 하지만 고민은 오래가지 않았다. 문득, 대학을 졸업하기 전 교수님께서 하신 말씀이 생각났기 때문이다.

"중식아, 네가 가졌던 경험을 많은 후배들과 공유하고, 후배들이 느끼는 어려움을 덜어낼 수 있도록 네 힘이 닿는 데까지 도와주렴. 그게 앞으로 네가 할 일이야."

게다가 박카스 광고의 카피처럼, 우리는 이미 누군가의 박카스이지 않은가? 부디 내가 쓴 미약한 끄적임들이 막막한 사회분위기 속에 지쳐 있는 후배들에게 조금이라도 힘이 되는 피로회복제이길 바랄 뿐이다. 그런 의미에서 이 책의 복용방법을 다음과 같이 소개한다.

⋯▶ **이런 분들께 권장합니다.**
❶ '난 안 되나 봐' 증후군으로 육체피로, 식욕부진에 시달리는 20대.
❷ 꿈은 있으나, 실천력 저하로 만사 포기 상태가 된 20대.
❸ 쉬는 날이 두렵고, 이것저것 뭐라도 해야 심적으로 안정을 찾는 20대.

물론, 이 책은 순도 100% 나만의 주관이 개입되어 있기 때문에, 다른 멋진 책들처럼 꿈을 이룰 수 있는 절대불변의 법칙이 제시되어 있거나 하지는 않다.

⋯▶ **주의 사항**
❶ 이 책은 완벽한 처방전은 아님.
❷ 스스로의 실천도 병행되어야 효과를 볼 수 있음.

자, 이제 하고 싶은 일을 하기 위해 미친 듯이 쫓아다녔던 꿈 오타쿠가 같은 세대의 후배와 친구들에게 아주 편안한 자세로 이야기를 들려주고자 한다. 이건 자뻑 같은 멘토링이 아닌 나의 리얼 스토리이다.

생각하는 것이 인생의 소금이라면 희망과 꿈은 인생의 사탕이다.
꿈이 없다면 인생은 쓰다.
- 바론 리튼

차례

프롤로그_ 젊음을 위한 열정회복제이고 싶다 **004**

 첫 번째

일단 재미를 좇아라!

소주에 취하듯 꿈에 취하라! **013** ● 반드시 재미있을 것 **017** ● 나의 길을 만들기 시작하다 **022**
오기라는 이름의 배터리 **025** ● 2년만 나에게 집중 투자하기 **029**

 두 번째

당신의 심장만큼 뛰어다녀라!

혼자 튀지 마라. 함께 튀어라! **035** ● 누구나 '처음'은 서툴다 **038**
로직에서 매직으로 **041** ● 좋은 팀원을 만날 수 있는 방법 **046**
환경을 의식하지 마라 **050** ● 비주얼 능력은 필수 **054** ● 말하기 전에 먼저 들어라 **057**

세 번째

아이디어의 최전선에 서라!

가치에 주목하자 **063** ● 아이디어의 기초는 애틋한 마음 **067** ● 아이디어를 발휘하는 10가지 방법 **073**
아이디어는 머리가 아니라 발에서 나온다 **080** ● 설득하지 못하면 아이디어가 아니다 **087**

네 번째
노력 그 이상을 넘어라!

즐기는 힘은 아무도 막지 못한다 **095** ● 차라리 오타쿠가 되자 **099**
기왕 하려면 하나만이라도 확실히 **102** ● 지름신도 때때로 필요하다 **106**
과거는 미래의 의미 있는 좌표다 **111** ● 멘토를 만들고 그를 귀찮게 하라 **113**
새로운 자극을 계속 찾아라 **116** ● 차별화 포인트를 계속 고민하라 **121**
태국의 젊은 열정과 만나다 **128**

다섯 번째
끝까지 나를 사랑하라!

노력도 배신당할 수 있다 **139** ● 나에게 휴식을 선물하라 **143**
실력보다 학벌이 먼저라구요? **147** ● 도망은 최악의 선택이다 **150** ● 마음의 힘을 믿어라 **154**

여섯 번째
20대의 열정은 배신하지 않는다!

초심으로 돌아간다는 것 **159** ● 재부팅할 기회는 늘 찾아온다 **162**
스스로의 가능성을 믿다 **168** ● '나'를 응원하는 사람은 분명 있다 **175**
젊음의 오기는 버리지 않는다 **181** ● 칸 국제광고제란? **191** ● 드디어 칸으로 떠나다 **194**
칸에서의 긴박한 시간들 **201** ● 우리 생애 최고의 순간 **208**
실력과 아이디어로 학벌의 벽을 넘어라 **211** ● 그래도 당신은 프로다 **217**
용기만 가져가라 **221** ● 24시간은 누구에게나 공평하다 **226** ● 비워야 다시 채울 수 있다 **229**

에필로그_ 그리고, 30대를 향해 **232**
Bonus Posting_ 광고에 도전하는 후배들을 위한 페이지 **234**

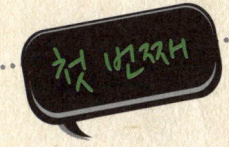

일단 재미를 좇아라!

Microsoft Student Partners라는 대학생 프로그램에 참여했을 때 우연한 기회에 한국 마이크로소프트의 유일한 여자 임원이셨던 박남희 상무님의 특강을 들었다. 그때 가장 기억에 남는 말이 있었다.

"제가 일을 실행할 때 우선시하는 사항은 '이 일이 진정 나에게 재미있고, 얻을 것이 있냐?'라는 것입니다. 여러분이 만약 그렇다면, 30%의 확신만 있어도 그대로 밀고 나가십시오."

우리는 세상을 살면서 끊임없이 '선택'을 해야 하고, 그중 자신의 장래에 대해서도 선택을 해야 할 때가 반드시 온다. 그때 중요한 기준이 되는 것은, 그 일의 연봉이 얼마나 되느냐가 아니라 나에게 재미있는 일이냐 하는 것이다. 사실 이 선택의 문제는 누구나 잘 알고 있으면서도 막상 현실의 벽에 부딪히면 어쩔 수 없이 조건이나 상황과 타협을 해야 하는 경우가 많다. 그래도 진정 인생을 자기 것으로 만들기 위해서는 흥미와 즐거움을 안겨주는 일을 선택해야 한다. 일이 재미가 있어야 적극적인 열정이 생기기 때문이다. 일에 대한 재미를 중요하게 생각하게 된 계기는 내가 처음 광고를 하고자 마음먹던 시절부터이다.

소주에 취하듯 꿈에 취하라!

"광고는 소주 같아요."

2008년 8월 15일 KBS 건국 60주년 특집 프로그램 〈대한민국 내일을 묻다〉에 출연하게 되었을 때, "당신에게 광고란?"이라는 질문을 받았을 때 나의 대답이다.

아무리 힘들어도 가족이나 친한 친구에게조차도 말하지 못하는 일들이 있다. 그런데 술은 나의 아픔을 묵묵히 받아주고, 괴로움을 털어낼 수 있게 도와준다. 20대의 나에게, 광고는 그런 존재였다. 그 자체만으로 모든 스트레스를 털어낼 수 있게 도와주고, 계속해서 의지하게 만들어주었다.

그 후 얼마 뒤, 회사생활을 시작하면서 대학생 커뮤니티 '영 삼성'과 인터뷰를 했을 때 이런 질문을 받았다.

"최중식 씨의 '광고는 소주다'라는 인터뷰를 본 적이 있는데, 지금도 여전히 '광고'는 소주로 남아 있나요?"

사회 초년 카피라이터로서 열심히 일하고 있던 나는 이 질문에 자신 있게 대답했다.

"물론입니다. 나이가 들어감에 따라 광고 외에 다양한 분야의 활동에 도전해 보고 싶다는 생각이 들기도 하지만, 그래도 아직까지 광고만큼 저를 즐겁게 해주고, 제 전부를 바쳐 의지하고 싶게 만드는 대상을 만나지 못했습니다."

이것은 비단 나에게만 해당되는 이야기는 아니라고 생각한다. 누구나 자신이 가진 꿈을 사랑한다면, 그 꿈은 그 사람에게 소주 같은 존재가 될 것이다. 고작 비유하는 것이 술이냐고 비웃을지 모르지만, 나름의 의미를 갖고 있다.

원대하고 멀게만 느껴지는 꿈을 일상에서 쉽게 만날 수 있는 술과 연결시켜 보고 싶었기 때문이다. 꿈은 저 멀리서 손짓하는 아련한 함성이 아니라 지금 이 순간 바로 내 곁에서 나를 위로하고 다독여줄 수 있는 현실의 존재여야 하니까 말이다.

단지 '재미있을 것 같아' 도전한 광고라는 분야에서 나는 2년 동안 각고의 노력 끝에 드디어 2008년 칸 국제광고제에 한국대표로 출전, 2위를 수상했다. 그리고 모교에 돌아와 후배들에게 다음과 같은 이야길 들려주었다.

"우리에게는 두 가지가 필요합니다. 치밀하게 객관적으로 자신을 바라볼 수 있는 냉정, 그리고 그 냉정을 바탕으로 꿈을 향해 노력할 수 있는 열정. 이 냉정과 열정을 가지고 더욱 뜁시다. 미칠 정도로 뛰어다닙시다. 그래서 우리에게 '너희가 무엇을 할 수 있겠냐?'는 주위의 편견, 그런 것 따위 우리가 직접 부숴버리자고요."

이 말이 후배들에게 와 닿았을지 모르겠지만 내 속은 너무 후련했다. 정말로 꼭 한 번은 뱉어내고 싶었던 내 마음속 응어리가 드디어 밖으로 나온 듯한 기분이었다. 그것은 우리 사회의 편견 앞에서 상처 입을 때마다 나 스스로를 채찍질하고 마음을 다잡기 위한 외침이자, 나를 지켜준 소신이었다. 세미나가 끝난 후, 고맙게도 한 후배가 이렇게 문자를 보내왔다.

방금 명함 받았던 2학년 언론정보학과 재학 중인 ○○○입니다. 앞으로 선배님과 같은 광고인이 되는 것이 제 꿈입니다. 저는 지금 서울에 거주하는데요. 기회가 되면 꼭 만나뵙고 싶습니다.^^ 제 번호 꼭 저장해 주세요~ 네? ㅋㅋ

후배의 문자를 보면서 앞으로 그들의 기대를 실망시키지 않도록 더 잘해야 한다는 중압감도 있었지만, 꿈에 취할 또 하나의 열정분

자를 알게 되었다는 설렘으로 충만해졌다. 꿈은 중독성도 있지만, 전염성도 있었다. 열정을 공유하는 후배들의 모습은 나에게 신선한 자극을 불러일으키며 또 다른 꿈을 낳았다. 그것은 좋은 선배가 되어 그들을 이끌어주고 싶다는 소망이었다.

하지만 그날 밤 나는 혼자 술을 마시며 북받치는 서러움과 알 수 없는 뿌듯함까지 뒤섞인 이상한 감정에 취해 있었다. 후배들을 보니, 소주에 늘상 취해 있던 무기력한 나의 예전 모습이 떠올랐다. 나는 꿈도 희망도 목표도 없이 그저 하루하루를 흘려보내는 소위 엄친아의 상극, 루저였다.

반드시 재미있을 것

나의 대학생활 초반의 이야기와 너무 비슷하여 공감이 되었던 광고가 있는데, 다음과 같은 내용이다.

MT를 앞둔 공대의 한 강의실.
청천병력과 같은 소식이 공대 남학우들에게 전해진다.
바로 땀 냄새 가득한 공대에서 그 희소성의 가치를 가늠할 수 없는 여학우, 아름이가 MT를 안 간다는 것이었다.
공대 남학우들은 힘을 합쳐 아름이를 달래기 시작했고,
공주가 된 아름이는 못이기는 척 MT를 가겠다고 수락한다.
우여곡절 끝에 MT를 가서 모든 공대 남학우들의 관심을 한 몸에 받던 아름이.

하지만 한 학우의 말 한 마디가 아름이를 외톨이로 만들어버린다.

"옆방에 여대 왔다!"

물론 요즘에는 공대에서도 미녀들이 공업용 계산기를 들고 가는 풍경을 심심치 않게 볼 수 있는 세상이라고 하지만, 적어도 내가 신입생이었던 2002년, 직접 눈으로 확인한 공대의 모습은 앞의 광고처럼 '여학우'의 존재가 귀한 곳이었다. 그리고 나는 그런 공대에 다니며 여학생들이나 힐끔거리는 전형적인 '공돌이'였다.

별 문제없이 평범해 보이던 내 인생에 대해 조금씩 고민을 하게 된 것은 군 입대 후 병장을 달던 때다. 군대를 다녀온 대부분의 남자들은 공감할 텐데, 이 시기에는 개인 시간이 조금씩 생겨서 이것저것 취미활동을 하기도 한다. 한편으로는 본격적으로 사회에 나갈 준비를 해야 한다는 현실을 조금씩 체감하게 되면서 자신의 위치에 대해 진지한 고민을 하게 된다. 나 역시 마찬가지였다. 그때 내가 내린 결론은 공대로 돌아가기 싫다는 거였다.

물론 공대에서 좋은 친구들은 많이 사귈 수 있었지만, 그럼에도 대학생활은 언제나 나를 공허하게 만들었다. IT 분야의 전문 인력이 되겠다는 꿈을 품고 공대에 입학을 했지만, 복잡한 프로그래밍과 숫자계산으로만 가득한 수업은 오히려 그 꿈에 대한 의욕을 상실하게 만들었고, 내가 기대했던 그 무엇과는 점점 거리가 멀어져 간다는 느낌을 지울 수가 없었다.

나에게 있어서 공대는, 한 마디로 재미가 없는 곳이었다. 막연한 학교생활로의 복귀는 무의미했다. 전역하기 전에 학교 복학보다는 진정으로 내가 즐겁게 일할 수 있는 분야를 찾는 것이 급선무라는 생각이 들었다. 다행히 그것을 찾는 데엔 그리 오랜 시간이 걸리지 않았다.

잠시 외박을 나왔을 때, 우연히 네이버 메인에 소개되는 '요즘 뜨는 이야기' 코너에 올라온 칸 광고제 수상작 포스팅을 보게 되었다. 이때 처음으로 '칸 광고제'가 세계적으로 가장 권위가 있는 광고제 임을 알게 되었고, 그 포스팅에 소개된 수상작 광고들을 보면서 나도 모르게 "우와!" 소리를 내며 감탄하게 되었다. 그리고 계속해서 칸 광고제 수상작엔 어떤 것들이 있는지 검색해 보기 시작했다. 여러 작품들 가운데 유독 나에게 큰 충격을 준 광고가 있었는데 그것은 페루의 소아암 환자를 위한 기부 광고로, 기부의 힘이 얼마나 큰 기적을 만들어내는지 보여주는 내용이었다.

한 마술사가 길거리에서 마술 쇼를 하고 있다.
쇼가 끝나고 자신의 모자를 벗어 관객들에게 돈을 걷는 마술사.

한 소녀를 보더니 푹 눌러쓴 그녀의 모자를 벗긴다.
그러자 머리카락이 한 올도 없는 그녀의 머리가 그대로 드러난다.
소녀는 소아암 환자였던 것이다.
그때 마술사가 관객들의 돈을 걷어들인 자신의 모자를 대신 소녀에게 씌운다.
그러자 소녀의 머리에서 머리칼이 자라나기 시작한다.
화면이 어두워지며 이 광고가 말하고자 하는 메시지가 나타난다.
'기부는 마술입니다.'

이럴 수가! 5분도 안 되는 광고지만 마치 두 시간짜리 영화를 본 것처럼 가슴이 뭉클해졌다. '세상인심이 아무리 팍팍하다지만 그래도 아직은 따뜻하고 살 만한가 보다'란 생각이 들었고 그 때문에 왠지 모르게 힘이 났다. 그리고 진심으로 기부에 동참하고픈 마음이 들었다. 한 편의 광고가 지닌 힘을 온몸으로 실감한 셈이다. 그리고 그 순간부터, 광고를 즐기고 싶은 마음을 뛰어넘어 광고를 만들고 싶다는 마음을 갖게 되었다.

'저렇게 보는 사람을 행복하게 해주는 광고를 만들고 싶다. 아무것도 아닌 물건을 가치 있게 만들어주는 광고도 좋지만 많은 사람들에게 힘과 용기를 주는 광고를 만들고 싶다!'

광고의 '광'자도 모르는 공대생이고, 잘할 수 있다는 보장도 없었지만 '광고를 하면 재미있을 것 같다'는 생각이 들면서 왠지 모를 자신감과 확신이 솟아나는 것이었다.

그것은 30%의 확신만 있어도 성공할 수 있다는, 본능적인 직감 같은 거였다.

나의 길을 만들기 시작하다

고백하자면, 어렸을 때부터 나는 그저 남들 가는 대로 따라가던 그저 그런 아이였다. 한창 중요한 시기인 고3 시절에도 공부보다 게임을 즐기는 데 더 시간을 투자했으니, 덕분에 모의고사 성적은 처참했다. 무엇보다 문제는 우리 집에 있는 누나라는 존재들이 나와는 달리 굉장히 공부를 잘한다는 거였다. 어머니는 아들이라고 하나 있는 것이 누나들 셋보다 훨씬 공부를 못하니, 당신 딴에는 얼마나 못나 보이고 속상하셨을까? 덕분에 성적표를 받는 날은 늘 나의 제삿날이었다.

지금 생각해 보면 '왜 공부를 더 잘하고 싶다는 욕심을 가지지 못했을까?' 하고 좀 후회가 들기도 한다. 고등학교 때의 나는 정말 공부가 싫은데, 남들이 하니까 어쩔 수 없이 해야 한다고 생각했던 철부지였다. 남들 하던 대로 야간 자율학습하고, 남들 따라 학원 다니고, 남들이 집에 가면 나도 가방 싸서 집으로 향하고……. 어떠한 목표도 꿈도 정하지 못한 채, 그저 남들이 하는 것만 따라하기 급급할 뿐이었다. 그러다 보니 결국 대학 역시 나의 의지와는 상관없이 남들 뒤를 따라 간신히 들어간 셈이다.

그렇게 시작한 대학생활이 어떠했겠는가. 흔히 대학생활을 20대의 가장 찬란한 순간이라고들 한다. 자신의 미래를 마음껏 꿈꾸고, 원하는 것은 무엇이든 도전하고자 하는 무한 에너지로 가득한 시간이라고 말이다. 하지만 당시의 나는 낭만적이고 활력 넘치는 대학생활의 그 어떤 교집합에도 해당되지 못했다.

그러다 보니 전공에 흥미를 잃은 채 무의미하게 하루하루를 흘려보내다 문득, '난 지금 잘하고 있는 것일까? 난 과연 누구일까?'란 생각이 고개를 내밀 때가 많았다. 하지만 이런 절망과 불확신 속에서도 마땅한 답을 찾으려 노력하기보다는, 그저 '어떻게든 되겠지'라고 스스로에게 억지 주문을 걸었다. 그 헛된 주문이 내 가슴속 한 귀퉁이에 그나마 남아 있던 '열정'의 밑천마저 서서히 사라지게 만든다는 걸 알고 있으면서도 말이다.

그렇게 20대 초반의 나는 자신감도, 열정도, 희망도 없었다. 그런 우울한 내 인생에 처음으로 진지하게 하고 싶은 일이 생기다니! 그것도 남의 길을 따라가는 게 아니라, 나의 길을 스스로 만들어가는 일이란 사실만으로 짧은 내 인생에서 가장 의미 있고 훌륭하게 남을 '사건'임에 분명했다.

모든 것은 꿈에서 시작된다.
꿈 없이 가능한 일은 없다.
먼저 꿈을 가져라.

오랫동안 꿈을 그리는 사람은,
마침내 그 꿈을 닮아간다.

- 앙드레 말로

앙드레 말로의 말처럼, 나는 꿈을 닮아가기 위해 그 꿈을 그려보기로 했다. 곧장 부대에 있는 공중전화로 가족들에게 전화하여 광고에 관련된 책을 사서 보내달라고 부탁했고, 가족들이 우편으로 보내준 책을 들고 부대에서 쉬는 시간, 취침 시간을 쪼개가며 틈틈이 읽기 시작했다. '재미있을 것 같다'란 단순한 주문 하나가 서서히 나를 변화시키고 있었다.

오기라는 이름의 배터리

'광고를 하겠다'는 결심을 더욱 굳건하게 만든 사건이 있었으니, 바로 난생 처음 도전한 광고 공모전의 실패였다.

  어느 날 광고에 관한 인터넷 검색을 하던 중 우연치 않게 모 회사의 공모전 공고를 보게 되었다. 당시 이 공모전은 대학생 공모전 사이에서도 꽤나 인지도가 있었던 유명 공모전이었다. 실제로 나 또한 대학 새내기 시절, 아무런 관심이 없었을 때도 학교 게시판이나 인터넷 등에서 심심치 않게 포스터나 기사를 스치듯 보곤 해서 전혀 생소하지 않을 정도였으니 말이다. 처음엔 마케팅 분야만 있는 줄 알았는데, 자세히 보니 광고 분야도 있는 것이 아닌가. 그래서 반가운 마음에 시간만 허락된다면 꼭 한 번 도전해 보고 싶다는 생각이 들었다.

그러나 학생 신분이 아니라 군인이었기 때문에 공모전에 참가하기에는 상황이 여의치 않아 쉽게 결단을 내리기 힘들었다. 하지만 결국 용기를 내어 중대본부에 가서 소대장님과 상의를 했다. 당시 작업을 할 수 있는 컴퓨터는 중대본부에 있었는데, 낮 시간은 근무 시간이 겹치기 때문에 컴퓨터를 만지기가 사실상 불가능했다. 그래서 근무를 해치지 않는 선에서 일주일 동안 근무 외 시간에 중대본부에서 공모전을 준비할 수 있도록 해달라고 부탁을 드렸다. 그리고 중대의 대부분이 근무를 마치고 취침에 들어가는 새벽에서야 컴퓨터를 사용할 수 있다는 조건하에 어렵사리 컴퓨터 사용을 허락받게 되었다. 취침 시간을 줄여야 했지만 모처럼 생긴 큰 목표에 도전해 볼 수 있다는 사실만으로 불평보다는 오히려 감사를 드려야 할 상황이었다.

내가 출전한 부문은 광고 분야 중에서도 인터넷 광고 부문이었다. 인터넷 광고 부문은 플래시를 이용하여 공모전을 주관하는 회사의 가치를 효과적으로 PR할 수 있는 아이디어를 만들어야 했는데, 이 플래시라는 애니메이션 툴을 다루는 것이 여간 어려운 일이 아니었다. 그래서 인터넷으로 플래시 관련 책자를 구입한 뒤, 근무 중 쉬는 시간에 틈틈이 책을 보면서 플래시 툴의 마스터와 작품제작을 병행하게 되었다.

그렇게 며칠 동안의 우여곡절 끝에 간신히 데드라인에 맞추어 출품을 하고, 몇 주 후 홈페이지에서 드디어 예선 합격자 명단이 공개되었다. 가슴을 졸이며 한 줄 한 줄 명단을 읽어 내려가는데, 예선 합격자 명단에 '2540'이란 이름이 올라 있는 게 아닌가. 작품을 접수할 때 개인 출전이라도 팀명을 설정해야 한다고 해서, 소속 부대인 '2540 경비교도대'의 이름을 따 '2540'이라 붙였는데, 이 팀명이 예선 합격자 명단에 올라와 있는 것이었다. 그때의 기분은 당장이라도 하늘에 닿을 듯 흥분과 기쁨으로 용솟음쳤다.

하지만 기쁨도 잠시, 얼마 안 가 문제가 생겼다. 합격자 명단 옆에는 본선 캠프 참가가 가능한지를 주최 측에 알려주는 '사전 연락 기간'이라는 게 있었는데 알고 보니 이미 기간이 지나버린 것이다. 군대에 있다 보니 합격자 발표 확인이 늦었던 탓이다. 급하게 중대 본부에 사정을 얘기해 홈페이지에 나와 있는 주최 측 연락처로 전화를 걸었다.

지금 군인이기 때문에 홈페이지 확인이 조금 늦었다, 하지만 본선 캠프는 휴가를 내서라도 갈 수 있으니 꼭 한 번 봐달라고 사정했다. 하지만 주최 측은 이를 받아들이기 힘들어했고, 결국 본의 아니게 본선 진출이 취소가 되었다.

지금 생각해 봐도 많이 아쉬움이 남는 일이다. 하지만 그 일을 겪은 후 내 맘속에 남은 것은, 손에 닿기도 전에 기회를 놓쳐버렸다는 서운함이 아니라 강렬한 오기였다. '꼭 광고라는 분야를 정복하고 말겠다'는 오기 말이다. 게다가 예선 통과라는 '가능성'을 보았기 때문에 더욱 적극적인 마음가짐이 되었다. 나는 속으로 이렇게 외쳤다.

'내가 이 정도로 포기할 것 같아? 포기란 배추 셀 때나 쓰는 말이라구!'

2006년 3월, 군에서 무사히 전역을 한 나는 공대와는 전혀 연관이 없는 광고홍보학과로 망설임 없이 전공을 변경했다.

2년만 나에게 집중 투자하기

어렸을 때부터 가장 감명 깊게 읽은 책을 하나 꼽으라면 나는 늘 리처드 바크의 『갈매기의 꿈』을 이야기했다.

주인공인 갈매기 '조나단 리빙스턴'은 다른 갈매기와 다른 점이 하나 있다. 그것은 바로 자신만의 꿈이 있다는 것. 누구의 눈치도 받지 않고 자신의 꿈을 펼칠 수 있는 하늘에서 조나단은 보다 더 높게, 보다 더 멀리 날아가게 될 그날을 꿈꾸며 노력한다. 조나단은 먹이를 찾아 하늘을 나는 다른 갈매기들과 달리 꿈을 좇아 하늘을 날았다. 다른 갈매기들이 아무리 비웃고 헐뜯어도 자신의 꿈이 언젠가는 꼭 이루어질 거라는 믿음 하나만으로 말이다. 그리고 마침내 조나단은 자신의 꿈을 이루게 된다.

『갈매기의 꿈』이 유독 기억에 남았던 것은 내용이 감동적이어서만은 아니었다. 목표한 바를 '이룰 수 있다는 확고한 믿음과 노력' 아래서 꿈은 얼마든지 실체화될 수 있다는 가능성의 메시지를 확실하게 심어주었기 때문이다.

사실 우리가 꿈을 이루기 위해 노력하는 것은 마치 재테크를 하는 것과 같다. 물론 여기서 말하는 재테크란, '큰 거 한 방을 노리는 다소 위험한 주식 투자'를 의미하는 것이 아니다. '장기적이지만 안정적인 적금'이며, 투자해야 하는 것은 '돈'이 아니라 '열정'이다. 어쩌면 우리는 '꿈'이라는 통장에 계속해서 '열정'이라는 적금을 붓고 있는 것인지도 모른다.

그러므로 '꿈을 이룬다는 것'은 하나의 만기된 적금통장을 찾는 것. 포기하지 않고 꾸준히 적금을 부으면 나중에 든든한 재산으로 돌아오듯, 꿈에도 끊임없이 열정을 투자하면, 언젠가는 반드시 원하던 결과물을 손에 넣을 수 있다는 것이다.

『갈매기의 꿈』에서 조나단이 꿈을 이룰 수 있었던 이유는 좌절의 순간에도 자신의 꿈을 부정하지 않았기 때문이다. 좌절의 순간을 딛고 일어서는 것도 자신의 꿈에 한 걸음씩 다가가는 과정인 것을 조나단은 알고 있었던 것이다.

감히 내 경험에 빗대어 말하자면, 사실 20대의 모든 시간을 다 바쳐 노력하기보다는 그 긴 시간 중 최소한 2년만이라도 자신을 위해 집중적으로 투자하길 강조하고 싶다. 하루하루가 급변하는 오늘날, 2년이라는 시간은 사실 '강산이 변할 만큼' 큰 변화와 영향력을 발휘할 수 있는 귀한 세월이다. 또한 20대의 2년은 무한한 가능성이 수반되는 밀도 높은 시간임을 명심했으면 좋겠다.

그래서 나는 믿고 있다. 내가 '꿈'이라는 나만의 적금통장에 투자를 했기 때문에, 2년 후의 '나'에 대한 정의는 확실히 바뀌게 된 것이라고 말이다. 그리고 20대의 열정은 앞으로 다가올 그 어느 때의 나이보다 자신을 가치 있게 만들어줄 것이라고 말이다.

심연으로 들어가면 우리는 인생의 보물을 찾아낼 수 있다.
당신이 들어가기를 두려워하는 바로 그 동굴 속에 당신이 찾아 헤매는 그것이 숨겨져 있다.
당신이 두려워하는 동굴 속에 갇혀 있는 무엇인가가 이제 중심이 될 것이다.
당신이 찾아낸 그 보물이 당신을 다른 곳으로 인도할 것이다.
– 조셉 캠벨

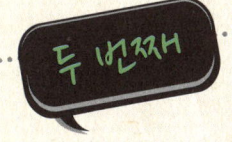

두 번째

당신의 심장만큼 뛰어다녀라!

우리는 자신의 꿈에 한 걸음씩 다가가고 있다는 것을 알게 되었을 때, 가슴이 두근거리며 뛰는 것을 느끼게 된다. 하지만 이 두근거림은 그런 순간에만 존재하는 것이 아니다. 알고 보면 우리가 태어날 때부터 계속 존재해 왔던, 지금껏 쉬지 않고 우리 스스로가 살아 있음을 증명하는 '부지런한' 소리가 아닐까? 실제로 심장이 하루 평균 뛰는 횟수는 10만 번, 80세까지 산다고 치면 30억 번이나 뛴다고 한다. 우리의 육신을 움직여주는 심장은 실로 따뜻하고 열정적인 존재이다. 심장의 박동소리만큼 뛰어다니는 것이 내 육신에 대한 보답이자, 내 인생에 대한 예의라는 생각으로 나는 멈추지 않고 달리기 시작했다.

혼자 튀지 마라. 함께 튀어라!

스티브 잡스가 애플의 CEO로 다시 취임한 1997년 애플의 창고에는 70일치 넘는 재고가 쌓여 있었다고 한다. 그래서 스티브 잡스는 재고를 줄이고 수익성을 높이기 위해 당시 컴팩에서 해당 업무를 총괄하고 있던 팀 쿡을 영입했다.

팀 쿡이 입사해서 애플의 공급체계를 확인하니 무려 100개가 넘는 업체에서 부품을 구매하고 있었다. 팀 쿡은 이 체계를 정리해서 대부분의 부품을 아일랜드와 중국, 싱가포르에서 가져오도록 하고, 조립은 중국 본토에서만 하도록 일원화하여 부품 공급업체의 수를 20여 개로 줄였다. 그리고 부품 공급업체와 애플의 조립공장을 지리적으로 가깝게 위치시켜서 부품이 들어오면 바로 조립할 수 있는 수준으로 제조의 효율화를 이루어내는 데 성공했다. 덕분에 애플이 갖고 있던 70일분이 넘던 엄청난 재고물량이 팀 쿡이 입사한 지 2년 만에 10일 이하로 줄어들었으며, 이때 확립된 체계는 지금까지도 지속되고 있다고 한다.

스티브 잡스의 훌륭한 아이디어도 그것을 상업화하는 데 뛰어난 역량을 지닌 팀 쿡이 없었다면 지금과 같은 화려한 성과를 거두기 어려웠을 것이다. 오늘날 애플의 신화는 스티브 잡스 혼자의 힘으로 이루어낸 것이 아니다. 스티브 잡스처럼 꿈에 다가서기 위해서는 함께할 훌륭한 파트너가 반드시 필요하다.

그동안 쌓아온 나의 이력은 혼자 만들어낸 것이 없다. 많은 공모전의 수상작품들이 개인 단위보다 팀 단위로 만들어졌으며, 함께 작업했던 사람들 때문에 더 좋은 작품을 만들고 수상도 여러 번 할 수 있었다. KOBACO한국방송광고공사 광고대회의 경우 개인 참가라는 규정상 혼자 출전할 수밖에 없었지만, 나는 혼자가 아니었다. 주변에서 응원해 주고 조언해 주던 사람들이 있었기 때문에 자신감을 잃지 않았고, 덕분에 분에 넘치는 대상을 받을 수 있었던 것이다. 칸광고제에 가기 전에도 파트너 석진 형을 못 만났더라면 영 라이온스 부문에 나가서도 멋진 결과는 분명 불가능했을 것이다.

백지 상태에서 혼자 공모전을 시작하기보다는 좋은 파트너와 함께 도전하는 것이 더욱 훌륭한 결과를 만들 수 있다는 것을 나는 경험을 통해 절실히 깨닫게 되었다. 실제 현업에서도 좋은 광고가 한 사람의 힘으로 만들어지지 않듯이 말이다. 어느 분야에서든 마찬가지일 것이다. 지금과 같은 조직사회에서는 혼자 튀려고 하는 사람보다는 협력적인 마인드를 갖고 있는 사람이 환영받는다. 개인보다는 팀과 동료를 배려하며 함께 튀고자 노력하라!

누구나 '처음'은 서툴다

때때로 후배들이 나에게 한숨과 함께 털어놓는 고민이 있는데, 요약하자면 이렇다.

"선배, 공모전을 하고 싶은데 막상 하려고 마음먹어도 무엇부터 어떻게 시작해야 할지 모르겠어요."

제대 후, 광고홍보 전공에 첫발을 내딛던 나 역시 그런 백지 상태로 새로운 환경과 맞닥뜨렸다. 전공을 바꾸고 난 후, 처음엔 무엇이든 잘할 자신이 있었지만 막상 새로운 학과에 적응을 하려니 쉬운 일이 아니었다. 그 당시 뉴스에서 한창 대학에 '아싸_{학교에 적응하지 못하고 혼자 떠도는 아웃사이더의 줄임 말}'들이 증가한다는 보도를 보았는데, 내가 바로 광고홍보학과의 '아싸'였던 것이다. 공대 쪽에 친구들이야 있었지만 내가 공부를 하는 곳은 공대가 아니었으므로, 생판 모르는 사람들 사이에 섞여 외로운 섬처럼 떠 있는 기분이었다. 그러다 보니 수업을 듣는 것 외에는 광고를 하려면 무엇을 어떻게 시작해야 하는 건지도 잘 몰랐고, 당연히 광고 공모전에 참가하려 했을 때는 막막한 심정뿐이었다. 하지만 남들 다 한다는 공모전, 안 하자니 불안하기도 하고, 한번 해보고 싶어도 정보를 어디서 얻어야 할지 모르겠고……

답답한 마음에 한숨을 내쉬며 학교 게시판에 붙어 있는 공모전 포스터들을 이것저것 살펴보기도 했지만, 운 좋게 포스터를 통해 공모전 정보를 접하더라도 이미 공모기간이 지났거나 마감이 임박한 경우가 대부분이었다. 종류 안 가리고 덕지덕지 붙어 있는 포스터들 속에서 어떤 공모전들이 있는지조차 머릿속이 깔끔하게 정리가 되질 않았다. 하지만 막막하기만 한 예비 광고인의 앞날에 단비처럼 내려와 도움을 준 것이 있었으니, 그것은 바로 '인터넷'이었다.

요즘은 공모전의 홍수 속에 살고 있다고 말해도 과언이 아닐 정도로, 한 달에 수십여 개가 넘는 공모전들이 계속해서 생겨나고 있다. 그러다 보니 공모전 정보 사이트도 많이 생겨났고 덕분에 이번 달에 무슨 공모전들이 있는지, 이중 나에게 맞는 공모전이 무엇인지 쉽게 찾을 수 있게 되었다.

만약 어느 분야에서건 도전해 보고 싶은 마음은 있는데, 어디서부터 어떻게 시작해야 할지 모르겠다면, 그리고 아무도 도와주는 사람이 없어서 더욱 막막하다면, 걱정하지 말고 일단 일을 저지르고 앞으로 나아가라. 조금만 관심을 갖고 부지런히 방법을 찾다보면 길은 보이게 된다. 낯선 길에 들어서면 처음엔 누구나 서툴고 어색하기 마련이다. 쫄지 말고 당당하게, 모르는 게 있으면 눈치보지 말고 물어서 가면 된다.

로직에서 매직으로

누구나 자신에 대한 전략이 필요하다. 지금 자신에게 부족한 부분을 명확히 인식하고, 이를 보충해 나가기 위한 플랜을 짜는 것이 전략이라 할 수 있겠다. 스스로에 대한 로직이 준비되어 있다면, 그것은 놀랄 만한 매직으로 변할 수 있다. 내가 이런 생각을 구체적으로 할 수 있게 된 것은, 광고를 위해 처음 팀을 꾸리게 되면서부터이다.

원래는 개인 참가로 공모전을 준비했는데, 도전을 할 때마다 번번이 떨어지기 일쑤였다. 처음에야 나름의 의욕이 앞서서 한 달에 3개씩, 6개월 동안 18개 이상의 공모전에 혼자 도전을 해보았지만 단 한 번도 수상한 적이 없을 정도였다. 자꾸만 떨어지는 일이 반복되다 보니 스스로의 소질에 대해 자책하며 하루 종일 어깨를 못 피고 다닌 적도 많았다. 그렇게 이골이 날 정도로 낙선을 경험하면서, 어느 날 이런 생각이 들었다.

'난 왜 전공을 바꿨지? 지금의 나는 의미 없이 시간만 때우던 공대 시절의 모습과 다를 게 없지 않는가?'

처음 광고를 하려고 마음먹던 그 순간부터, 나는 내가 선택한 '광고' 분야를 더욱 좋아하고 싶었다. 물론 그래서 전과를 한 것이지만 학교 수업만으로는 그 목마름을 해결할 수 없었고, 광고를 제대로 즐길 수 있는 방법이 무엇일까 계속해서 갈구해 왔던 것 같다.

그렇기 때문에 너무나도 공모전에서 수상을 하고 싶었다. 하지만 그 목적은 이력서를 채우기 위한 경력이나 금전적인 이득 때문만이 아니었다. 뒤늦게나마 발견한 내가 진정으로 좋아하는 일이었으므로, 이것이 나에게 맞는 길이라는 확신을 더욱 강하게 갖고 싶었다. 적어도 공모전에서 수상을 하게 되면, 저명한 전문가들에게 나의 실력을 인정받을 수 있는 셈이니 말이다.

이대로는 안 되겠다는 생각이 들기 시작했다. 그래서 스스로에 대해 논리적으로 진단을 해보았다. 냉정하게 판단해서 내가 아직 미숙하다는 것을 분명히 알았기 때문에 어떻게든 다른 사람들과 팀을 만들어 나의 부족한 부분을 보완하려고 했다.

하지만 또다시 난관에 부딪쳤다. 공모전을 하나 준비한다고 하면, 학교에서 오랫동안 서로 알고 친했던 사람들끼리 뭉쳐서 함께

하는 분위기였는데, '아싸' 전과생이었던 내가 그 안에 낄 틈은 없었던 것이다.

지금 생각해 보면 그 당시 사람들은 나에 대해 잘 모를 뿐더러 공대에서 전과했으니 당연히 광고를 잘할 것이라는 믿음을 갖기 힘들었을 것이다. 게다가 나 또한 A형만의 소심인자가 발동하여서 사람들과 이렇다 할 친분을 쌓지 못했다. 그러니 나 같은 조건의 사람에게 누가 공모전을 같이 하자고 말하겠는가?

하지만 팀이 꼭 필요하다는 것을 알았기 때문에 용기를 내어 인터넷 커뮤니티에 글을 올려 함께할 사람들을 찾기 시작했다. 그러자 다행스럽게도 나와 같은 생각을 가지고 있는 사람들이 하나 둘 모여들었다.

누군가와 함께 공모전을 하고 싶고 수상에도 욕심이 있지만 이 모든 것이 순전히 '광고를 좋아하기 때문'인 사람들, 그리고 광고를 좋아하는 자기 자신을 좋아하는 사람들, 그런 사람들과 인연이 닿아 마침내 팀을 결성하게 되었고 그것이 내 광고인생에 지대한 영향을 미친 광고팀 '애드뷁'이었다. 물론 서로 학교도 다르고 동네도 다르니 만큼 모이기가 번거롭긴 했으나 그게 무슨 대수랴. 덕분에 원 없이 광고에 도전을 할 수 있게 되었는데 말이다.

다만 서로 멀리 떨어져 있는 모임이니 만큼 온라인에서의 활동은 우리 카페의 존속과 정체성을 위해 중요한 소통의 창구였다. 인터넷 카페에서 우리는 다음과 같은 회칙을 세웠다.

1. 하루 한 마디의 글은 꼭 남긴다.
2. 댓글을 꼭 남긴다.
3. 일주일에 한 번은 꼭 오프라인 모임을 갖는다(시간은 일요일 2시).
4. 자료는 하루에 4개 이상 올린다.
5. 정말로 피치 못할 사정이 있으면 위 4가지 사항을 못 지킬 수도 있다.
6. 가장 중요한 것은 즐겁게 작업한다는 것이다.

이렇게 '애드뷁'이란 팀을 통해 광고를 좋아하는 사람들과 만날 수 있었고, 이들과 함께 광고에 마음껏 도전할 수 있었다. 이것은

내 광고 인생에 지대한 영향을 끼친 애드빌 회원들의 작업 모습

나에게 있어 큰 변화이자 행운이었고, 스스로에 대한 로직이 매직으로 변하는 순간이었다. 자신의 부족한 점을 명확하게 알고, 답을 찾고자 노력하면 길은 결국 보이게 된다는 진리를 새삼 깨닫는 기회였다. 중요한 건 로직이 없이는 매직도 없다는 사실!

좋은 팀원을 만날 수 있는 방법

세계적인 자동차회사 '포드'의 창립자이며 '자동차 왕'이라 불리는 헨리 포드는 생전에 "모이는 것은 시작이고, 함께 있는 것은 진전이며, 협력하는 것은 성공이다"라는 말을 남겼다. 혼자서는 살 수 없는 세상, 함께하는 사람들과 서로 협력하며 목표를 이루어가는 것이 진정한 성공으로 가는 지름길 아닐까?

확실히 '공모전'이라는 틀 안에서만 봐도 팀이라는 존재가 얼마나 든든한 것인지를 많이 느꼈다. 객관적으로 보더라도 혼자 작업하는 것은 시작부터 끝까지 모든 것을 책임져야 하기 때문에 작업 속도도 느리고 다양한 부분에서 완성도를 높이기가 쉽지 않지만, 협업을 통해 이루어진 공모전은 훨씬 능률적으로 완성도를 높일 수 있는 것이 당연하다. 게다가 작업 속도도 빨라지기 때문에 다수의 아이디어도 함께 출품할 수 있는 이점도 있다. 보다 많은 것을 다채롭게 표현할 수 있는 기회가 늘어나는 것이다.

하지만 팀을 이루기 전에 좋은 팀원을 만나는 것은 무엇보다 중요한 일! 광고 공모전을 준비할 때 좋은 팀원을 만날 수 있는 방법을 추천해 보고자 한다.

1) 디자인 전공의 친구를 찾아라.

대부분 아이디어 회의 단계보다 제작 단계에서 많은 난항을 겪는다. 그렇기 때문에 팀원 중 디자인 관련 전공자가 있다면 금상첨화이다. 디자인 계통 전공자들은 아이디어 회의를 할 때도 보통 사람이 찾기 힘든 섬세한 부분을 잘 잡아내고, 실제 제작을 할 때도 발군의 실력을 발휘한다. 본인이 제작 능력을 가지고 있다면야 아웃풋을 만들 때 큰 문제가 없겠지만 디자인 계열의 친구들과 비교한다면 프로와 아마추어의 차이를 극명하게 느낄 수 있다. 물론 작품 공모전뿐 아니라 기획서 공모전을 할 때도 퀄리티 높은 프레젠테이션을 만들 수 있다. 가능한 한 이들을 반드시 같은 편으로 만들어라.

2) 소극적인 일촌보다는 적극적인 어깨너머가 낫다.

공모전을 하고 싶다고 주위 학교 선후배나 친한 친구들한테 '같이 공모전 하자'고 조르지는 말자. 그렇게 팀을 이루었다고 해도 대체적으로 좋은 팀워크를 갖기 힘들다. 일단 팀원이 된 입장에서는 자의적이 아니라 타의적으로 참여된 것이기 때문에 공모전에 대한 절박함이 부족하다. 게다가 서로 편한 사이기 때문에 적극적이지 못할 수 있다. 이를테면 약속이 있다거나 다른 조모임이 있다는 이유로 빠지기가 더욱 쉽다는 것이다. 이렇게 된다면 처음 몇 번은 불평할 수 있다. 하지만 나중에는 좋은 결과마저도 바라기 힘들어지게 된다. 냉정히 말해 이런 경우 일찍 그만두는 게 더 좋다. 우정에 금이 가는 최악의 상황까지 갈 수 있기 때문이다. 차라리 인터넷 커뮤니티나 친한 친구로부터 소개를 받는 것이 좋다. 특히 인터넷 커뮤니티의 경우 아무래도 자기처럼 '공모전에 참가하고 싶은 절박한 사람들'이 모이는 곳이다 보니 이곳에서 팀을 이루면 상상을 초월할 정도로 적극적인 팀 분위기를 느낄 수 있을 것이다.

3) 거리는 중요하지 않다.

그럼에도 불구하고 자신의 주변에서만 팀원을 찾을 수밖에 없는 것은 아무래도 '모이기가 쉽기 때문'일 것이다. 나 역시 다니는 대학이 춘천에 있기 때문에, 팀원을 구할 때 항상 거리에 관한 문제를 고민할 수밖에 없었다. 실제로 나와 지역이 다르면 만나기도 힘들고 차비도 들고 이것저것 작업하기 힘들지 않을까 하는 생각이 든다. 하지만 이런 이유들이 공모전을 함에 있어서 과연 중요한 것일까? 자신의 주변에서만 팀원을 구하려고 하지는 말자. 요즘은 서울에서 부산까지도 편하게 왕복할 수 있는 세상 아닌가. 차비와 시간이 좀 들지는 모르지만 더 큰 일을 위해서 과감한 투자와 긍정적인 생각이 필요하다.

나 또한 겨우 만난 팀원들과 지역이 달라서 불안하긴 했지만, '왕복 만 원'의 차비는 술 한 번 안 먹는 대신 일생일대의 기회를 산 것이라 생각했고, 교통시간 '세 시간'은 치열했던 하루 동안 유일하게 가질 수 있는 나만의 고요한 시간이라고 생각했다. 오히려 그렇게 투자를 해서 갖게 된 만남이니 더욱 더 적극적으로 임하게 되었다. 정 만나기 힘들면 메신저를 통하거나 온라인상으로도 충분히 회의나 작업을 할 수 있다. 역시 인터넷의 힘을 빌리면 문제는 없다.

환경을 의식하지 마라

애드벎 활동을 하면서 가장 기억에 남는 작업을 하나 꼽자면, 바로 '롯데백화점 환경공모전'일 것이다. 이것은 우리가 처음으로 했던 작업이기도 하다. 공모전 자체는 롯데백화점이 주관하는 것이었지만, 환경부와 환경재단이 후원을 하고 있어선지 이들이 원하는 것은 환경보존 메시지를 담은 '새Bird'의 이미지를 활용한 포스터였다.

하지만 공모전 공고를 본 시점이 너무 늦었다. 접수 마감까지 이틀밖에 안 남았던 것이다. 최대한 서둘러 작업을 해야 했지만 같은 학교가 아니다 보니 모두 함께 모이기가 힘들었다. 더군다나 급박하게 스케줄을 맞추기도 쉽지 않았다. 당장 모레까지 중요 레포트를 준비해야 하는 사람이 있는가 하면, 학생회 임원으로 급하게 학과 일을 담당해야 하는 사람도 있었다. 하지만 포기하겠다는 사람은 없었다. 우리의 결론은 주어진 환경을 의식하지 말고 있는 그대로 우리가 좋아하는 작업을 해보자는 것이었다.

직접 모일 수 없는 문제를 해결하기 위해 우리는 인터넷으로 회의를 하면서 서로 파일을 주고받으며 작업을 시작했다. 이를테면 누군가가 썸네일을 그림판으로 그리거나 혹은 스캔하여 카페에 올리면, 각자가 공강 시간이나 여유가 있을 때 카페에 들러 올려진 아이디어를 확인하고 댓글로 피드백을 했다.

그리고 여유가 생기는 밤 10~11시에 인터넷 메신저를 하면서 작업 아이디어를 확정했다. 그 후 아이디어를 최종 결정하여 본격적으로 작업을 시작하면, 포토샵으로 작업하는 사람과 아이디어를 보강해 카피를 완성하는 사람, 그리고 추가 자료 수집을 하는 사람 등 서로의 역할을 나누어 파일을 주고받으며 밤새 작업을 진행했다.

그렇게 전쟁 같은 작업을 끝내고 컴퓨터를 종료하니 시간은 다음 날 아침 7시 반을 조금 넘었다. 완성된 작품은 아침에 수업이 없는 멤버가 일찍 인쇄소로 달려가 출력해, 최종 접수까지 마무리를 했다.

시간이 절대적으로 부족했던 작업이었지만, 애드뷥이 결성된 이후 처음으로 하는 작업이어서 모두가 힘든 내색을 하지 않고 즐겁게 광고를 만들 수 있었던 것 같다.

그렇게 우리가 최종 출품한 작품은 다음 두 가지였다.

조인(鳥人)

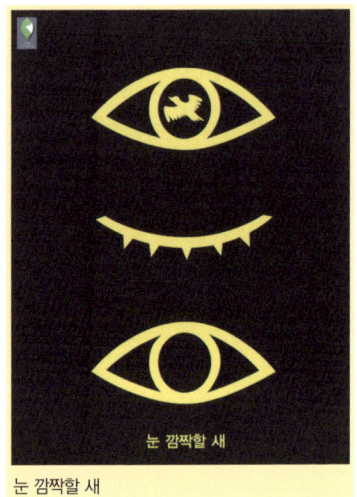
눈 깜짝할 새

첫 번째 작품은 '조인鳥人'.

붓으로 사람 인을 그린 듯하지만, 자세히 보면 획이 새들로 이루어진 것을 알 수 있다. 그리고 카피는 이렇게 마무리 지었다.

'鳥人〔Join〕- 새와 인간, 함께 숨 쉬며 살아가는 좋은 벗입니다.'

두 번째 작품은 '눈 깜짝할 새.'

보통 사람의 시선이 위에서 아래로 이동하는 것을 착안, 눈 안에 비춰진 새가 눈을 깜빡 움직이는 사이에 사라져버리는 비주얼을 보여주고, 카피는 '눈 깜짝할 새 — 9,000여 종의 새 중 80여 종이 사라졌습니다. 그 시간은 결코 길지 않습니다'로 마무리 지었다.

두 작품 다 언어유희를 이용한 아이디어라 할 수 있다.

작품 제출 후 몇 주 지난 뒤에, '눈 깜짝할 새'가 장려상을 받았다는 소식을 듣게 되었다. 수상은 둘째치고, 우리의 작품을 하나의 광고로서 인정받은 것 같아 기분이 떨듯이 좋았다. 물론 시간에 쫓겨 작업하느라 아쉬움이 많았지만, 그만큼 애착이 갔던 우리의 첫 작품 덕분에 공모전에 대한 자신감이 조금씩 자라나고 있었다.

환경을 이유로 눈앞의 기회를 놓칠 필요가 없다. 환경을 의식하기 전에 하고 싶은 것에만 집중하면, 결과는 저절로 따라오게 된다.

비주얼 능력은 필수

미술 전공이 아님에도 불구하고 종종 사람들은 나를 미술 계통과 관련이 있을 거라고 생각하곤 한다. 학생 때 처음 팀원들과 광고동아리를 시작하면서도 '미술학도가 아니냐?'는 질문을 듣기도 했다. 팀원들과 함께 회의를 할 때도 그림을 그려서 생각을 말한다든지, 실제 작업할 때도 그래픽 툴을 다루는 모습을 보여줬기 때문이다.

백 마디 말보다 한 장의 그림이 더욱 힘 있게 느껴지는 경우가 있지 않은가? 사실 미술 전공이고 아니고를 떠나서 비주얼 능력을 기르는 것은 중요하다고 생각한다.

이를테면 팀 내에서 아이디어 회의를 할 때, 다수의 의견들이 오고 가는 자리이다 보니 설득력을 키우지 못하면 화두에 올리기가 쉽지 않을 것이다. 따라서 일방적으로 의견을 제시하는 것보다 썸네일이라도 끼적여서 보여주는 것이 더 자신의 아이디어에 설득력을 실어줄 수 있다.

아이디어를 비주얼로 표현해 내는 것은 특히 광고에서 중요하니만큼, 일찌감치 아이디어 스케치를 하는 습관부터 기르는 것이 좋다. 그림을 못 그린다고 자책할 필요는 없다. 아이디어에 대한 당신의 정성은 사람들을 저절로 주목하게 만들 것이다.

또한 포토샵 같은 그래픽 툴 하나만 다룰 줄 알아도 남들보다 더 잘할 수 있는 것들이 무수히 많아진다. 그래픽 툴을 다룰 줄 알면, 아이디어를 좀 더 정교하게 표현할 수 있어서 작업을 할 때도 큰 도움이 된다. 일반 인쇄 광고공모전에서부터 기획서 공모전의 장표를 꾸미는 데까지 직접 자신의 손으로 만들 수 있다면, 팀원들은 당신을 '무엇이든 잘하는 만능인'이라고 생각할 것이다. 그리고 자연스레 팀에서 꼭 필요한 존재가 될 것이다.

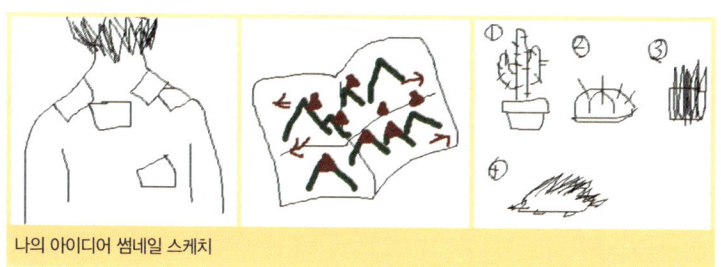

나의 아이디어 썸네일 스케치

학원에서 툴을 배우는 게 좋긴 하지만, 여건이 안 된다면 책 한 권을 사서 독학으로 파고드는 것도 괜찮다. 또한 간간히 포토샵의 고수들이 사진을 뽀샤시하게 만드는 방법부터 그래픽 특수효과 만드는 법까지 자신의 블로그에 포스팅을 해놓는데, 검색하면 쉽게 찾을 수 있으므로 이를 참고하는 것도 좋은 방법이다.

인터랙티브한 아이디어를 표현하기 위해서는 플래시를 배우면 된다. 칸 광고제 영 라이온스에 한국 대표로 출전하면서 보니 사이버 부문에 나갔다고 해서 플래시의 대가라거나, 액션 스크립트 짜기의 고수라거나 그런 사람들만 모이지도 않았다.

플래시는 애니메이션과 인터랙션을 구현할 수 있는 액션 스크립트 부분으로 크게 나누어지는데, 나의 경우 애니메이션과 기본기는 시중에 나와 있는 책 한 권을 사서 독학을 했고(요즘은 괜찮은 책들이 많아서 자신의 구미에 맞는 것 한 권만 사면 된다), 액션 스크립트의 경우 플래시 오픈 소스 사이트인 야웅닷컴yawoong.com에 들어가서 괜찮은 소스들을 다운받은 뒤, 그 구조를 분석하면서 익혔다.

한 가지 더. 툴을 배울 때 막히는 부분이 있다면, 혼자 끙끙대지 말고 주변의 고수를 찾아 도움을 요청하는 센스도 발휘하자.

말하기 전에 먼저 들어라

아이디어를 발상해 냄에 있어서 간과하지 말아야 할 것은, 너무 많은 메시지를 넣으려고 욕심을 내면 안 된다는 것이다. TV광고 콘티는 15초 동안에 들어갈 내용을 만들어야 하는 것이고, 일반 사람들이 인쇄 광고에 시선이 들어가는 시간은 길어야 고작 3~4초라고 한다. 그래서 광고란 짧은 시간에 사람들로부터 기억될 수 있어야 하는 치열한 분야인 것이다. 이는 우리가 공모전을 할 때도 마찬가지이다. 그래서 출품작을 만들 때 넣을 것은 넣고, 뺄 것은 빼는 최상의 조합으로 자신의 아이디어를 표현해 내는 것이 관건이라고 할 수 있다. 대체적으로 보면 넣는 작업보다 빼는 작업이 중요하다.

하지만 자신이 애정을 갖고 만들어낸 아이디어는 마치 내 자식처럼 귀하고 소중하다. 그러다 보니 무의식중에 이것저것 더 살을 붙이게 되는데, 결국 보기 싫을 정도로 못생겨져도 우리는 이를 인식할 수 없다. 당연히 내 눈에는 예쁜 아이디어니까. 이것이 바로 공모전을 할 때 많이 범하는 오류인 '매너리즘'이다. 아이디어에 대해 어느 정도 고집을 갖는 것은 물론 중요하다. 내부를 설득시킬 만한 힘이 없다면, 어떻게 심사위원들을 설득할 수 있겠는가?

하지만 고집과 매너리즘 사이를 잘 조절하는 것이 쉬운 일은 아니다. 이를 위해서 해야 할 것이 '듣는 것'이다. 내가 낸 아이디어가 괜찮다고 사람들에게 말한 만큼, 사람들이 내 아이디어에 대해 지적하는 부분을 귀담아 들어야 한다. 필요 없는 아이디어는 과감히 빼고, 약간 부족한 부분이 있는 아이디어는 그 빈틈을 찾을 수 있도록 피드백이 이루어지기 때문에 그만큼 완벽한 아이디어를 완성할 수 있다.

어느 정도 태클을 받다 보면 마음 한 구석이 아려오면서 내 아이디어를 예쁘게만 봐주지 않는 팀원들이 서운하게 느껴질 수도 있지만, 이것이야말로 팀 작업의 최대 장점 중 하나이다. 무조건 오냐오냐 키우면 자식이 바르게 자라기 힘든 것처럼, 내가 만든 자식을 남들이 부러워하는 엄친아처럼 키우려면 때로는 냉정하게 채찍질을 할 줄도 알아야 한다.

세 번째

아이디어의 최전선에 서라!

성공을 거둔 세상의 위대한 이들은 자신의 상상력을 활용한다.
그들은 앞서서 생각하고, 머릿속에 세세한 그림을 그려내,
그것을 토대로 꾸준히 성공을 쌓아나간다.
- 로버트 J. 콜리어

이 말을 곱씹어보면, 상상력을 활용한다는 것은 결국 아이디어를 생산해 낸다는 것이다. 결국 성공과 아이디어는 불가결한 관계이며, 실제로 '아이디어'는 카테고리와 직급을 넘어 무한 경쟁시대에서 살아남는 중요한 키워드가 되어버렸다.
애석한 점은 사람들의 머릿속에 아이디어를 마음껏 생산할 수 있는 공장이 들어 있지 않다는 것이다. 그래서 조금이나마 도움이 되고자 지금까지 얻었던 '아이디어를 만드는 아이디어'를 공개하려고 한다.

가치에 주목하자

마케팅에서는 제품의 기능적 차별화가 점차 힘들어지는 경쟁시장에서 상품과 브랜드를 좀 더 높은 수준으로 포지셔닝할 필요성이 있는데, 이를 위해 개발된 것이 바로 래더링laddering이다. 래더링은 제품을 크게 속성attributes, 편익benefits, 가치consumer values의 세 가지 부분으로 나누는데, 먼저 소비자들에게 중요한 속성을 도출하고 그 속성들 안에서 선호도를 알아본다. 그 다음, 왜 소비자들에게 중요한 이슈가 되는지 질문함으로써 편익과 가치가 구체화되는 것이다.

이렇게 래더링을 이야기하는 이유는 공모전에서 아이디어를 만들어내는 데 중요한 시사점을 주고 있기 때문이다. 우리가 접하는 공모전의 요강을 보면, 이미 주제제품의 속성과 편익까지 나와 있는 경우가 많다. 따라서 광고를 만들어냄에 있어서 소비자들에게 공모전 주제제품이 가져다주는 의미를 이해할 필요성이 있고, 그것은 결국 가치에 주목을 해야 한다는 얘기다. 아이디어 발상을 가치에서부터 출발하게 되면, 제품 중심의 커뮤니케이션에서 고객 중심의 커뮤니케이션으로 전환이 된다.

2007 케토톱 대학생 광고공모전을 준비하면서 우리가 케토톱의 가치를 도출해 낸 과정을 보자면, 다음과 같다.

〔케토톱의 **Laddering**〕

속성attributes : 붙이는 관절염 치료제이다.
편익benefits : 붙이니까 가뿐해진다.
가치consumer values : 노인들이 젊음을 되찾게 되었다.

당시 케토톱 대학생 공모전에서 발표한 주제는 '붙이는 관절염 치료제 시장에서 확고한 리딩 브랜드의 입지 공고화를 위한 아이디어'였다. 이미 '캐내세요'라는 슬로건을 걸어, 붙여서 가뿐해지는 제품의 편익을 대대적으로 홍보하고 있었다. 그렇다면 그 이상의 단계인 가치를 보여주어, 경쟁사가 넘볼 수 없는 케토톱만의 포지셔

닝을 갖도록 광고로 표현해야 할 필요가 있었다. 그리고 이를 위해 제품의 주 소비층이 케토톱을 통해 어떤 의미를 갖게 되냐를 위주로 고민을 하게 되었다. 그리고 노인들이 케토톱 덕분에 젊음을 되찾게 됨을 가치로 판단하고, 이를 유머러스하게 풀어보았다.

어느 조용한 집에서 새댁이 청소를 하고 있다. 그때 초인종 소리를 듣고 현관에 나가본 새댁. 하지만 문 밖에는 아무도 없다. 다시 청소를 계속하는데, 금세 초인종 소리가 또 들린다. 하지만 다시 나와보니 아무도 없다.
"이상하다…… 애들이 장난하나?"

2007 케토톱 대학생 광고공모전 아이디어

알고 보니 아이들이 아니라 노인들의 장난으로 밝혀지며 광고는 마무리가 된다. 케토톱을 붙인 덕분에 젊음을 되찾게 되었음을 아이들처럼 짓궂은 장난을 하는 노인들의 모습으로 표현한 것이다.

속성—편익—가치에 대한 분석과 소비자 가치에 중점을 둔 커뮤니케이션을 구체화한 덕분에 이 작품은 케토톱 대학생 광고공모전 최우수상 수상작으로 선정될 수 있었다.

아이디어의 기초는 애틋한 마음

대학시절, 대홍기획의 표문송 국장님이 진행하는 '아이디어 발상법' 특강을 들을 수 있었다.

'현업 광고인의 아이디어 발상법은 도대체 무얼까?' 하는 호기심 반, 기대 반으로 가득 차서 강의 시작 시간보다 10분 일찍 도착해 앞자리를 차지하려고 애를 썼다. 드디어 강의 시작, 별다른 말 없이 표문송 국장님은 노래 한 곡을 틀어주셨는데, 그것은 비틀즈의 〈All you need is love〉였다.

Love Love Love
사랑 사랑 사랑

Love Love Love

사랑 사랑 사랑

Love Love Love Love

사랑 사랑 사랑 사랑

Love Love Love Love

사랑 사랑 사랑 사랑

Nothing you can do can't be done

당신이 할 수 없는 것은 불가능한 일입니다

Nothing you can sing that can't be song

당신이 부르지 못하는 노래는 노래가 아닙니다

Nothing you can say that you can learn

당신이 말하지 못하는 것은 당신이 배울 수 있습니다

how play the game

어떻게 그 게임을 할까요

It's easy

그것은 쉽습니다.

Nothing you can make that can't be made

당신이 만들 수 없는 것은 만들어지지 못합니다

Nothing you can say that can't be say

아무도 당신이 말한 것은 말하지 못합니다

Nothing you can do that you learn how did you
당신이 못하는 것은 당신이 배울 수 있습니다
all the time
항상
It's easy
그것은 쉽습니다.
All you need is love
당신에게 필요한 것은 사랑입니다
All you need is love
당신에게 필요한 것은 사랑입니다
All you need is love love~
당신에게 필요한 것은 사랑입니다
Love is all you need
사랑이 당신이 필요한 전부입니다.

비틀즈의 노래가 끝나자, 표문송 국장님이 입을 여셨다.
"이게 제가 전달해 줄 전부예요."
정말로 이게 다인가 싶어 굉장히 당황스러웠지만, 이후의 설명을 듣고 무릎을 탁! 칠 수밖에 없었다.
"만약 지금 애인이 있다고 해보죠. 남들에게는 평범한 사람이지만 자기에게만은 그 사람이 특별한 존재잖아요? 좀 더 애정 어린 시선으로 대하게 되죠. 밥을 먹을 때도, 자기 전에도…… 그 사람만을 생각할 정도가 되지요. 그러다 보면 남들은 모르고 나만이 볼 수 있는 애인의 장점을 발견하게 되요. 애인뿐이 아니에요. 어떠한 존재라도 사랑으로 대하면, 결국 남들이 찾지 못하는 좋은 점을 발견하게 될 거예요. 그것이 인사이트Insight입니다. 이것을 발전시킨다면, 여러분만의 아이디어가 만들어질 겁니다."

한 시간도 안 되는 강의였지만, 나에겐 열 시간짜리 강의를 들은 것만큼 값지게 느껴졌다. 그리고 사랑은 그 자체만으로도 또 다른 인사이트로 내게 다가왔다.

얼마 전, 故 오주석 씨가 쓴 『한국의 美 특강』이란 책을 읽으면서도 표문송 국장님의 가르침에 대해 다시 한 번 상기하게 되었는데, 이유를 설명하자면 다음과 같다.

먼저, 오주석 씨는 옛 그림을 올바르게 감상하기 위한 세 가지 기본상식을 이야기한다.

첫째, 작품 크기의 대각선 또는 그 1.5배만큼 떨어져서 볼 것.
둘째, 오른쪽 위에서 왼쪽 아래로 쓰다듬듯이 바라볼 것.
셋째, 마음의 여유를 가지고 세부를 찬찬히 뜯어볼 것.

김홍도의 〈씨름도〉

그 감상법에 입각하여 차근차근 한국의 예술작품을 감상해 나가는데, 그중 김홍도의〈씨름도〉가 매우 인상적으로 다가왔다.

1) 씨름을 하는 두 사람 중 승자는 앞사람이다. 쩔쩔매고 있음을 알리는 뒷사람의 주름진 미간과 들뜬 발을 통해 알 수 있다.
2) 씨름을 하는 두 사람은 신분이 다르다. 승자인 앞사람은 평민, 패자인 뒷사람은 양반이다. 복장과 오른쪽의 신발의 모습을 보면 알 수 있다. 이 그림은 평민을 위한 그림이고, 당시는 신

분이 해체되고 있던 정조 때임을 추리할 수 있다.
3) 씨름이 진행된 지 상당한 시간이 흘렀다. 오른쪽 위 상투를 틀고 누운 사람과 왼쪽 위 부채로 얼굴을 가리며 저린 발을 누르고 있는 양반을 보면 알 수 있다.

이렇게 보는 법을 조금만 달리 해도 우리가 〈씨름도〉에서 평상시에 보았던 것보다 훨씬 많은 정보와 이야기들을 끌어낼 수 있다. 물론, 위의 세 가지 원칙은 단순히 작품을 잘 보기 위한 과학적인 법칙도 아니고, 제일 중요한 부분도 아니다. 단지 진지하고 애틋한 마음으로 작품을 대하기 위한 기본적인 자세 교정일 뿐이다.

결국 〈씨름도〉에서 평상시엔 보기 힘든 사실을 발견하게 되는 이유는, 애정 어린 시선으로 작품을 대하기 때문이라고 저자는 망설임 없이 이야기하고 있는 것이다.

이에 무슨 의문을 가질 필요가 있겠는가! 역시 사랑의 힘은 위대한 것이다.

아이디어를 발휘하는 10가지 방법

아이디어의 개발이 결코 쉽지 않다는 것을 알기에, 나 역시 '성적 쉽게 오르는 방법을 찾는 수험생'의 기분으로 아이디어 만드는 공식을 찾아 이리저리 헤맸다. 그러다가 『잠자는 아이디어 깨우기 How To Get Ideas』라는 책을 알게 되었다. 저자인 잭 포스터는 광고계의 대표적인 인물 중 하나이며, 수많은 경험으로 취득한 아이디어 조리법을 이 책을 통해 알려주고 있다. 이를 간략하게 정리해서 보니 지금도 회사생활을 하면서 아이디어가 필요할 때마다 요긴하게 들춰보게 된다.

마른걸레 쥐어짜듯 머리를 붙잡는 사람들이 참고하면 좋을 듯하여 중요한 몇 가지만 소개하고자 한다.

1. 심각한 사람들에게서는 아이디어가 절대로 나오지 않습니다.

유머와 창조력은 절친한 친구 사이입니다. 그러므로 일할 때 재미가 없다면 인생을 낭비하고 있는 것입니다. 우선 마음을 즐겁게 하십시오. 그러면 저절로 아이디어가 떠오릅니다.

2. 무언가 서로 다른 두 가지를 합쳐 보십시오. 재미있는 아이디어가 나옵니다.

화가 살바도르는 꿈과 예술을 조합하여 초현실주의를 탄생시켰습니다. 허친스는 자명종과 시계를 결합하여 자명종 시계를 발명했습니다. 리프먼은 연필과 지우개를 합쳐 지우개 달린 연필을 만들었지요. 어떤 이는 걸레에 막대기를 붙여 대걸레를 만들었습니다.

3. 아이디어를 내는 일은 문제를 해결하는 일입니다.

문제가 무엇인지 잘 알기만 하면 답은 그 속에 있습니다. 과학자들도 어떤 문제의 답이 있다고 생각하고 문제를 풀면 태도가 바뀐다고 합니다. 이미 답 쪽으로 50% 정도 다가가 있다는 것이지요. 내게 아이디어가 있다고 믿으십시오.

4. 마음속에 목표를 정하세요.

다이빙 선수는 물에 뛰어드는 장면을, 골프 선수는 공이 홀에 들어가는 장면을 상상하며 경기합니다. 아이디어와 관련된 장면을 상상하십시오. 칭찬받고, 감사의 말을 듣고, 보상받는다고 상상하십시오. 우리도 그렇게 될 수 있습니다.

5. 어린아이가 되십시오. 그들의 천재성을 배우십시오.

세상에는 규칙이 왜 그리 많을까요? 아이들은 규칙을 모르기 때문에 아예 그것을 깨버립니다. 아이디어 낼 일이 있으면 이렇게 물어보십시오. "내가 여섯 살이라면 이걸 어떻게 풀까?" 우유 용기에는 왜 반드시 우유라는 글씨가 가장 크게 쓰여 있을까요? 예전에 어떻게 했는지는 싹 잊어버리십시오.

6. 정보, 정보, 정보! 많이 아는 사람이 아이디어 낼 확률이 높습니다.

아이디어는 "낡은 요소의 새로운 조합"이라 했습니다. 낡은 요소를 얻는 방법은?

(1) 틀에서 벗어나 보세요.

9년 동안 매일 다른 길로 출근했다는 사람이 있습니다. 절대 듣지 않던 라디오 방송을 들어보십시오. 아동 도서를 읽어보십시오. 평소에 같이 가지 않던 사람과 점심식사를 하러 가십시오.

(2) 무언가를 새로운 눈으로 보세요.

그 연습을 위해 '본 것'을 매일 기록하십시오. 오늘 당장 쉬는 시간에 공책을 한 권 사십시오. 공책이 가득 차면 그것을 읽어보세요. 죽을 때까지 공책을 채우십시오.

7. 배짱을 가지십시오. 큰 소리로 발표하십시오.

아이디어란 너무도 예민해서 누군가 비난을 하면 바로 죽어버립니다. 그 사람은 당신의 아이디어를 두려워하고 있기 때문에 비난하는 것입니다. 또 세상에 나쁜 아이디어는 없다는 사실을 기억하십시오. 우유를 쏟고 나서 울어봐야 소용없지요. 쏟은 우유로 뭘 할지 아이디어를 내십시오. 아니면 더 좋은 용기를 개발하든지. 아울러 아이디어를 너무 많이 냈다고 야단칠 사람은 이 세상에 없습니다. 무조건 많이 내세요.

8. 생각하는 방식을 한번 바꿔보십시오.

(1) 시각적으로 생각해 보세요.

아인슈타인은 언어로 생각한 적이 한 번도 없었다고 합니다. 개념이 이미지로 먼저 떠오르면 그것을 언어나 공식으로 표현했다는 것입니다. 사진작가 만 레이는 여인의 토르소를 첼로로 보았습니다. 건축가 프랭크 로이드 라이트는 집이 독립된 구조물이 아니라 풍경을 이루는 필수 요소라고 생각했습니다.

(2) 수평적으로 생각하세요.

때로 너무 논리만 따지다 보면 좋은 아이디어가 나오지 않습니다. 세상일은 반드시 앞뒤가 딱딱 맞는 것은 아니거든요. 논리를 무시해 보세요. 재미있는 아이디어가 팍팍 나옵니다.

(3) 있지도 않은 경계선을 긋지 마세요.

지레 짐작해서 함정을 파지 말라는 뜻입니다. 내가 판 함정에 내가 스스로 찾아가서 빠져버리는 실수를 우리는 자주 하게 되지요. 종이로 비행기를 접어 누가 가장 멀리 날리나 시합을 했습니다. 대개 원을 그리며 날다가 얼마 가지 못하고 바닥으로 곤두박질쳤지요. 그런데 어떤 사람은 종이를 골프공 만하게 꽁꽁 뭉쳐 던지는 것이었습니다. 동그란 비행기는 없나요? 누가 종이비행기는 꼭 종이비행기처럼 보여야 한다고 했나요?

(4) 3번과는 반대되는 이야기지만, 약간의 제한을 두세요.

지나친 자유는 혼돈입니다. 아이디어를 낼 때 어떤 범위를 지정해 두지 않으면 너무 막막해서 무엇을 어떻게 해야 할지 알 수가 없거든요. 누군가가 막연히 그저 맛있는 음식을 만들어달라면 어떻게 만들어주어야 하나요? 재즈뮤지션 듀크 엘링턴은 곡을 쓸 때 늘 악기의 종류와 연주자의 수를 제한해 놓았습니다. 월터 헌트라는 사람은 늘 돈 때문에 독촉을 받았기 때문에 무언가 정말 필요한 것, 몇 시간 내에 스케치할 정도로 단순한 것을 발명하기로 했지요. 결국 그는 안전옷핀을 발명했습니다. 가장 자극적인 제한은 시간입니다. 당신도 마감시간을 정해놓고 일해 보세요. 초능력이 생깁니다. 마감 시간이 당신에게 박차를 가하여 뭔가 이루게 만들어줄 것입니다.

9. 결합하는 방법을 배우십시오.

(1) 비유 방법을 찾아보세요.

만일 속도에 대한 이야기라면 세상에서 가장 빠른 것은 무엇인지, 가장 늦는 것이 무엇인지 생각해 보는 것입니다.

(2) 규칙을 깨버리세요.

반 고흐는 꽃이 어떠한 식으로 보여야 한다는 규칙을 깨뜨렸지요. 피카소는 여인의 얼굴은 어떤 식으로 그려야 한다는 규칙을 깼습니다. 또 베토벤은 교향곡이 어떻게 들려야 한다는 규칙을 깼습니다. 딕 포스베리라는 사람은 높이뛰기를 어떻게 해야 한다는 규칙을 깨뜨렸습니다.

(3) "… 라면 어떻게 될까?"라고 생각해 보세요. 느닷없이 답이 튀어나올지 모릅니다.

당신이 머리 아파하는 그 문제가 지금보다 두 배 심각했다면? 열 배 심각했다면? 아니면 반 정도 심각했다면? 이 문제를 완전히 거꾸로 뒤집어보면? 이 문제가 내년까지 존재한다면? 10년 후까지 존재한다면? 만일 갑자기 이 문제가 해결된다면? 당신이 어린아이였다면?

(4) 다른 분야로 눈을 돌려 도움을 받으세요.

제임스 리티는 그의 식당에서 돈 받는 직원이 돈에 함부로 손을 대지 못하도록 현금이 들어오는 것을 기록할 방법을 찾고 있었습니다. 그러다가 증기선 위에서 프로펠러의 회전수를 세고 기록하는 장치를 보게 되었습니다. 바로 그 원리를 적용하여 세계 최초의 금전 등록기를 개발한 것입니다.

(5) 기회를 잡으십시오.

고양이 중 쓸모 있는 고양이는 바로 쥐를 잘 잡는 고양이입니다. 가끔씩 이름조차 들어보지 못한 것을 갖고 놀아보십시오.

10. 끝까지 물고 늘어지십시오. 세상의 어떤 것도 집요함을 당할 수는 없는 법입니다.

(1) 재능도 못 당합니다: 재능이 있는데 성공하지 못한 사람처럼 멍청한 사람은 없습니다.

(2) 재산도 못 당합니다: 태어날 때부터 부유한 사람이 가난하게 죽는 경우는 많습니다.

(3) 천재성도 못 당합니다: 보상받지 못한 천재성이란 말이 있습니다.

(4) 교육도 못 당합니다: 세상은 교육받은 게으름뱅이로 가득 차 있습니다.

(5) 행운도 못 당합니다: 행운의 여신이 부리는 변덕은 왕도 쓰러뜨립니다.

아이디어는 머리가 아니라 발에서 나온다

사실, 광고 관련 분야가 아니더라도 어느 곳이나 요즘은 '창의력'을 중요시한다. 그래서 어떤 이들은 창의력이 뛰어나 보인다는 이유로 다른 사람을 부러워하기도 한다. 그리고 창의력을 기르려면 어떻게 해야 하는지 방법을 찾기도 한다. 나 또한 그 답을 찾고 있는 중이지만, 그동안 경험을 통해 내린 결론은 결국 창의력이란 타고난 능력이 아니라 노력의 산물이라는 것이다.

사실 공모전을 준비하던 우리 팀을 가장 분주하게 만들었던 것은, 주어진 주제를 이해하는 과정이었다. 그만큼 정보를 계속해서 찾는 일이 무엇보다 중요했다. 때로는 학교 도서관에서 전문서적을 뒤져봐야 하고, 인터넷을 할 때도 접근하고자 하는 공모전 주제를 자신만의 인기 검색어 1위로 만들어야만 했다.

다음은 2007 케토톱 대학생 광고공모전을 준비하는 도중, '애드 붐' 카페에 있는 게시판을 캡처한 것이다.

```
3100  케토톱 브랜드역사 에 대한 자료 + 자료를 본 제생각 ㅋㅎ [3]
3099  디자인자료_스토리보드 5컷씩 총 10컷 슝 [1]
3098  케토톱太 의 특징 [6]
3090  ID어? [2]
3080  새벽 1시 30분 [8]
3079  [본문스크랩] 관절염 치료와 예방, 걷기가 최고다 [2]
3056  효능효과 [5]
3055  제품정보-사용정보 [2]
2911  케토톱 [5]
```

케토톱 광고공모전을 준비하던 당시, 자체의 요강으로는 자료가 한없이 부족하여 별도의 자료조사는 필수였다. 그래서 아예 자료가 없다고 생각하고 처음부터 차근차근 정보를 쌓아가기로 했다. 케토톱의 브랜드 역사에서 시작해서 관절염이란 무엇인지에 대한 기본 개념도 정리해 나갔다. 그리고 케토톱의 기본적인 사용법과 효능 효과가 실제 소비자에게 어떻게 작용하는지도 조사했다. 보통 이렇게 자료조사를 하다 보면 게시판이 2~3페이지가 넘어가는 것은 기본이다. 이렇게 모아진 자료들은 우리가 케토톱의 가치를 정의하고, 이를 표현할 아이디어를 발상해 내는 데 아주 중요한 밑거름이 되었다.

한 가지 더 살펴보도록 하자. 다음은 '제일기획 광고대상'을 준비할 때의 게시판 캡처다.

```
                ↳ [2008.01.14] 첫 번째 아이디어 회의 정리 (비엔나) [2]
                ↳ [2008.01.14] 첫 번째 아이디어 회의 정리 (앱) [2]
    3733    KT 와이브로 [3]
                ↳ 무선인터넷 와이브로, HSDPA 차이
    3709    래미안 [2]
                ↳ IMC를 활용한 브랜드 Revitalization(재활성화) 성공사례
                ↳ 안티 래미안
                ↳ 어느 아파트가 제일 좋아요?
    3706    YEPP
                ↳ YEPP
                ↳ YEPP
    3705    리떼디토 [1]
                ↳ 리떼디토 시음기 : 탄내가 나요ㅜ
                ↳ 리떼디토 기획서... 쿨 [1]
    3695    [빅셀비엔나] 이거 하려고! [1]
```

당시 KOBACO 광고대회를 준비하고 있는 중이어서, 제일기획 광고대상 준비에 메인으로 참여하진 못해 후반 피드백 과정만 도와주었지만, 팀원들이 작품을 만들어내는 과정을 하나하나 관찰했다. 역시 게시판을 보면 각 주제에 대해 자료 조사한 것을 알 수 있는데, 이를테면 'KT 와이브로'라는 것을 준비하면서 주제인 '와이브로'가 어떤 것인지를 분명하게 알기 위해 '무선인터넷 와이브로, HSDPA 차이'에 대해 조사한 것을 알 수 있다. '래미안'의 경우도 어느 아파트가 제일 좋은지에 대한 소비자조사자료, 안티 래미안이

생기는 이유는 무엇인지, 그리고 IMC를 활용한 브랜드 재활성화의 성공사례 등 다양한 자료조사를 통해 '래미안'이란 브랜드에 접근해 보고자 했다.

이렇듯 철저한 자료조사에 기반한 공모전 준비가 있었기 때문에, 이후 자체 회의에서 다양한 아이디어들을 얻을 수 있었다. 또한 자료조사를 통해 주제에 대한 이해도가 높아지면서, 어떤 아이디어가 주제에 부합되는지도 자체적으로 판단할 수 있게 되었다.

그리고 이를 토대로 작품을 만들었는데, KT 와이브로의 경우 기존 광고주의 입장에서 표현하던 방식을 변형, 소비자의 입장을 표현하는 광고로 만드는 것에 제작 방향이 결정되었다. 즉, 와이브로가 얼마나 우수한지를 강조하는 것이 아니라 이동식 인터넷을 이용함으로써 소비자들이 겪는 불편함, 즉 마우스를 이용하기 불편한 점에 주목했던 것이다. 그리고 이를 착안하여 접으면 마우스 패드가 되는 광고를 만들어 이용자의 불편함을 해소하고자 했다.

백설 비엔나의 경우도 경쟁제품 대비 '돈육 함유량 90.21%'란 강점이 있다는 것을 주목하게 되었고, 정육점에서 육질이 우수한 1등급 고기들을 걸어놓는 것을 광고에서 비엔나소시지로 표현해 보고자 하였다.

이렇게 탄생한 팀원들의 작업물들은 다음과 같다. 후에 'KT 와이브로'는 제일기획 광고대상 작품부문 대상을 받았고, '백설 비엔

접으면 마우스패드가 되는 컨셉의 KT 와이브로 광고작품

'나'도 파이널리스트에 선정이 되었다.

'애드붸'에서의 작업을 통해 나왔던 작품들은, 철저한 서칭 Searching 과정을 거쳐 나온다는 것을 알 수 있다. 이처럼 아이디어를 만들어가는 과정에 있어서, 자료에 대한 조사는 아이디어의 완성도를 더욱 높여주는 밑거름이 된다. 찾고 또 찾고, 계속 찾아서 아이디어를 내고, 부딪혀보아야 어떤 아이디어가 좋겠다는 감이 생

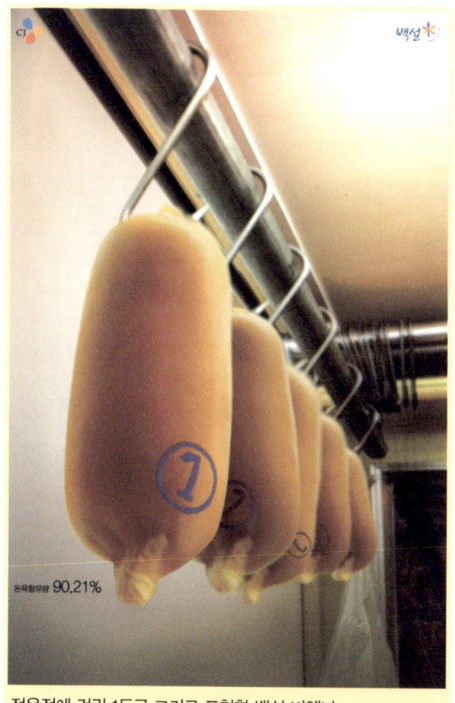
정육점에 걸린 1등급 고기로 표현한 백설 비엔나

기는 것이고, 결국 좋은 아이디어를 내는 능력이 높아지면서 창의력 있는 사람이라는 소리까지 들을 수 있는 것이다.

2009년 6월 '영 삼성'과의 인터뷰 중 "평소 아이디어의 소재는 어떻게 얻으시나요?"라는 질문을 받았을 때도, 이렇게 대답했다.

"소재를 얻을 수 있는 곳을 한정해 두지 않는 편입니다. 만약 어떤 주제에 대해 아이디어를 짜야 할 일이 있으면, 발이 닿을 수 있는 곳은 다 찾아보는 편이죠. 개인적으로 아이디어는 머리가 아니라 발에서 나온다고 생각합니다. 창의력도 물론 중요하겠지만 문제를 해결하기 위해 얼마나 열의를 갖고 뛰어다니느냐가 정말 좋은 아이디어를 만들어내는 방법이라고 확신하니까요. 그래서 보통 인터넷 검색부터 시작해서 도서관에서 책을 하루 종일 뒤지거나, 사람들과 대화하며 고민하면서 소중한 아이디어를 얻게 됩니다."

이렇게 다소 무식한 방법이 내가 이야기할 수 있는 창의력 향상 비법이라면 비법이라 할 수 있고, 지금도 일을 하면서 계속 써먹고 있다.

설득하지 못하면 아이디어가 아니다

정상수 교수님이 쓰신 『스매싱』이란 책에 보면 '백만 불짜리 아이디어도 설득해야 진짜다'라는 말이 나온다. 결국 아이디어란 팔 수 있고 실행할 수 있어야 그 가치를 인정받는 셈이다. 따라서 아이디어를 내는 것뿐 아니라 아이디어로 남을 설득시킬 수 있는 능력도 중요한 것이다. 아이디어의 설득력에 대해 그 중요성을 절실히 깨닫게 만든 경험이 하나 있다.

대학생활의 마지막 학기를 보내고 있던 중, 학교 홍보팀에서 전화가 왔다. 입시 시즌에 맞추어 학교 광고를 하려는데, 그 광고를 직접 제안해 달라는 것이었다. 모교에 대한 애착을 다시 확인하며 좋은 경험을 할 수 있는 기회를 얻은 것이 매우 기뻤지만, 한편으로는 쉽게 풀리지 않을 숙제를 받은 것 같아 마음 한 구석이 썩 편하지 않았다.

그날 저녁, 기존 대학 광고가 어떤 스타일인지 조사를 해보았다. 감성적으로 접근하는 광고도 있었지만, '취업률이 몇 %다'라며 실질적인 부분을 강조하는 학교도 많았다. 하지만 내가 제안하고 싶은 광고는 감성적으로 어필하고 싶지도 않았고, 그렇다고 해서 실질적인 수치를 내세우고 싶지도 않았다. 사실 학벌에 대한 인식이 강한 우리나라에서, 서울이 아닌 지방에 있다는 것만으로도 이미 학교가 가진 메리트는 거의 없다. 그런 상황에서 단순히 광고만 가지고 이미지를 바꾸도록 만들기는 쉽지 않기 때문이다. 따라서 지금까지 기존의 대학 광고를 뛰어넘는 접근이 필요하다는 생각이 들었다.

며칠 동안 고민한 끝에 제안할 만한 아이디어를 정리할 수 있었고, 학교 홍보팀장님께 PT의 첫 장을 보여주며 다음과 같이 아이디어를 발표하기 시작했다.

『보랏빛 소가 온다』를 쓴 세스 고딘은 가족과 함께 프랑스 초원을 여행했습니다. 수백 마리의 소떼를 보면서 감탄했지만, 얼마 지나지 않아 창밖의 풍경을 외면했다고 합니다. 그저 그런 누런 소로는 오랜 시간 흥미를 끌 수 없기 때문입니다.

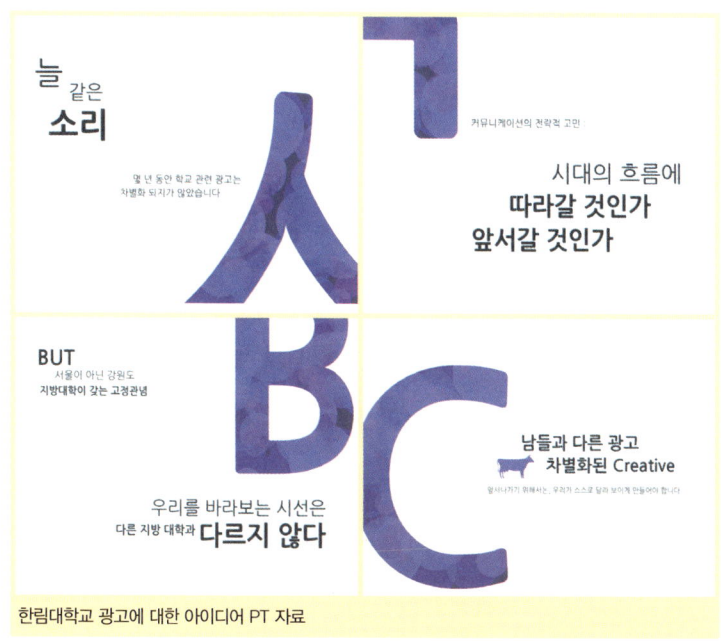

한림대학교 광고에 대한 아이디어 PT 자료

하지만 그 소 떼 가운데 보랏빛 소가 있었다면 어땠을까요? 시선이 가는 것을 넘어, 몸까지도 벌떡 일어날 것입니다. 우리는 수많은 상품과 그로 인한 엄청난 광고의 홍수 속에서 살고 있습니다. 이 안에서 사람들을 우리에게 주목시키려면, 보랏빛 소만큼 남보다 차별화된 전략이 필요합니다. 우리는 취업률이 어느 정도인지, 전국 대학평가 몇 위인지, 구구절절 말해 줄 필요가 없습니다. 말하는 순간부터 이미 다른 학교의 광고들 중 하나가 되어버리기 때문입니다.

그래서 나온 아이디어는, '오늘 광고는 쉽니다'라는 것입니다. 광고를 할 공간을 샀지만, 광고를 하지 않는다는 당돌함, 다른 학교가 할 수 없는 대담함, 이는 앞서 나가는 생각의 표현이며 보는 이에게 호기심을 유발시킬 수 있습니다. 동시에 학생들에게 최선을 다하는 한림대학교의 이미지를 강화, 지금보다 더욱 차별화시켜 보여줄 수 있을 것입니다.

아이디어에 대해 고민하면서 중요한 것은 인재를 키우는 학교임을 보여주는 것이고, 그 자체를 사람들에게 다른 학교보다 차별화시켜 보여주어야 한다는 판단이 들었다. 늘 같은 소리만 하는 학교 광고들에 차별화를 꾀하기 위해서는 광고를 표현하기 위해 고민할 시간조차도 학생을 위해 투자하는 학교라는 이미지를 심어주어야 한다고 생각했다.

그것이 내가 보여주고 싶은 Remarkable이었고, 우리 학교를 그 어느 학교보다도 매력적으로 어필할 수 있는 아이디어라고 확신했다. 하지만 PT를 끝내자, 기대와는 전혀 다른 반응이 나왔다.

"확실히 신문에 내면 정말 눈에는 띌 것 같아요. 하지만, 광고를 안 하겠다니……."

머리의 공감은 샀지만, 마음까지 공감을 이끄는 데에는 실패를 한 것이었다. 결국 제안했던 아이디어로 광고가 만들어지지는 않았지만, 그 일을 통해 매우 중요한 교훈을 얻을 수 있었다. 아무리 아

전공 내 인재 양성에 온 힘을 쏟고 있기에,
외부에 우리를 광고할 여유가 없습니다.
오늘 광고는 쉽니다.

한림대학교 | 광고홍보전공

내가 만들었던 모교의 광고 시안

이디어에 자신이 있더라도 설득하지 못하면 그것은 아이디어가 아니라는 것이다.

   단순히 아이디어를 좋게 짜내는 것뿐 아니라 그 아이디어를 다른 사람에게도 충분히 공감시키는 능력도 중요하다는 것을 몸소 배우게 된 중요한 계기였다. 이 사건 이후로 나는 아이디어와 설득력의 불가결한 관계에 대해 진지하게 생각하게 되었다.

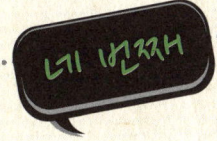

노력 그 이상을 넘어라!

"유일한 비결은 제 일을 너무나 재미있어 한다는 점입니다. 단순히 재미를 느끼거나 즐기는 것이 아니라 미치도록 좋아한다고 할까요? 사람은 자신이 정말 사랑하는 대상에 빠졌을 때 어마어마한 힘을 발휘하는 것 같습니다. 저는 어려서부터 음악, 특히 흑인 음악이 정말 좋았습니다. 그것이 지금의 나를 있게 한 유일한 이유입니다."

가수이자 프로듀서인 박진영이 인터뷰 중, 지금까지 많은 스타들을 길러낸 비결이 무엇인가에 대한 질문을 받고, 이에 대답한 내용이다.

知之者는 不如好之者요, 好之者는 不如樂之者라.
아는 것이 좋아하는 것만 못하고, 좋아하는 것은 즐기는 것만 못하다.
- 공자

노력하는 것만으로는 부족하다. 이제는 진심으로 꿈을 좋아하고 즐겨야 할 때이다. 힘들어 할 이유를 찾기 전에 즐거워할 이유를 찾자!

즐기는 힘은 아무도 막지 못한다

사실 '애드뷁'이라는 모임의 존재 자체는 광고를 향한 노력보다 광고 자체를 즐기는 것에 의의를 두고 있었다. 팀명을 '애드뷁'이라고 지은 것도 특별한 이유가 없다. 단지 '이렇게 지으면 재미있을 것 같아서'였다. 아무래도 '즐겁게 광고하자'란 생각으로 출발한 모임이기 때문에 팀명을 정할 때도 큰 고민을 하지 않았던 것 같다.

그러다 보니 팀원을 뽑는 기준도 없었다. 그저 함께하고 싶다는 의사를 보이고 모든 팀원이 반대를 하지 않는다면, 누구라도 애드뷁의 일원으로 인정을 했다. 그러다 보니 3명으로 출발한 팀원 수는 1년 만에 10명으로 부쩍 늘어났다. 누가 보면 너무 대책 없이 팀을 만들어가는 것 아닌가 생각할 수도 있을 것 같다. 하지만 내가 말하는 '즐김'은, 꿈을 대하는 태도를 긍정적으로 취한다는 것을 의미한다. 그래서 광고를 만들 때만큼은 서로가 프로의 자세로 즐긴다는 생각을 가지고 열심히 했다.

이를테면 공모전을 할 때에도, 보통 주최 측에서 제공하는 공모요강를 보고 심사위원이나 주최자의 의도가 뭘까 생각하면서 아이디어를 출발시켰다. 그리고 팀에서 회의를 할 때는 서로의 아이디어를 비판만 하고 버리는 게 아니라 한 마디 한 마디를 살리려고 노력했다. 또한 대부분의 공모전은 보통 한 작품 당 팀원을 4명 이하로 제한을 하는데, 우리는 회의를 통해 작업할 아이디어를 결정한 후, 아이디어마다 소규모 팀을 구성하여 자율적으로 작업을 진행했다.

만약 작업하는 도중에 힘든 부분이 있거나, 좋은 아이디어다 싶은 것들이 있으면 자신의 작업 분량이 아니더라도 서로 도와주면서 공모전을 준비했다. 덕분에 더 많은 출품작을 만들어낼 수 있었다. 또 완성된 작품은 인터넷 공모전 커뮤니티에 올리는 것도 잊지 않았다. 우리가 생각한 아이디어에 대해 다른 사람들의 피드백을 받기 위해서였다.

그렇게 여러 팀원이 계속 '애드뷁'이란 이름으로 출품하다 보니 '애드뷁'표 작품들도 좋은 결과가 따라왔다. 처음에 작품을 한 10개 정도 출품하면 1~2개도 겨우 수상할까 말까였지만, 계속해서 고민하고 작품을 만들다보니 나중에는 최소 6개 정도가 수상을 할 정도

광고 자체를 즐기는 것에 의의를 두었던 애드뷁 회원들

가 되었다.

재미있는 것은 '뷁'이라는 말이 인터넷 채팅용어로, 올바른 한국어가 아니기 때문에 발표자 명단에서 종종 알 수 없는 표현으로 호명되는 일이 발생했다. 또한 수상을 하게 되면 차분한 궁서체로 격식 있게 차려진 상장에 '받는 이 : 애드뷁'이라고 써 있었으니 누가 봐도 상장에 장난을 한 것처럼 보이는 것이었다. 왠지 격이 떨어져 보이는 건 아닐까 처음엔 살짝 걱정이 되기도 했으나, 우리의 의도는 그야말로 '재미있게 즐기자!' 아니던가. 우리가 만든 아이디어를 더욱 많은 사람들이 보고 좋아해주는 데 오히려 친근한 팀명이 일조할 수 있다는 생각이 들었다.

공모전 상금은 나눠 갖는 것보다 MT 비용 혹은 회식을 하는 데 썼다. 힘든 작업을 끝내고 난 뒤의 뒤풀이는, 팀원들의 결속력을 다지기 위해서도 필수였다. 또한, 광고에 관련된 스터디에도 투자를 했다. 나처럼 광고학과 전공자들은 수업 중, 인상적인 것이 있으면 모임 때마다 팀원들과 공유를 하거나 프레젠테이션을 했다.

당연히 팀 전체의 실력도 자연스럽게 높아졌고, 광고를 보는 시야도 점차 넓어졌다. 그리고 활발한 활동 덕분에 공모전 커뮤니티에서도 '애드뷁'을 모르는 사람이 없을 정도가 되었다. '애드뷁'이 이렇게 성장할 수 있었던 것은 모두 '즐김'의 힘이었다.

차라리 오타쿠가 되자

보는 책도 광고 잡지, 듣는 수업도 광고 수업, 웹 서핑 하면 일단 광고물 검색, 저녁엔 애드뷁과 함께 광고 작업하기…….

이렇게 자는 시간을 제외하고는 온통 광고로만 채워진 내 생활을 옆에서 보던 학교 친구가 혀를 내두르듯 던진 말이 있다.

"이런 오타쿠 같은 자식!"

오타쿠라니, 무슨 소리인가. 인터넷에서 오타쿠에 대한 사전적 의미를 찾아보니 다음과 같았다.

오타쿠 〔otaku, おたく〕
한 분야에 열중하는 마니아보다 더욱 심취해 있는 사람을 이르는 말.

오타쿠란 원래 일본말로 '집集'을 뜻한다. 일본인 특유의 정서적 시스템 때문에 무언가에 편집증적으로 달라붙는 사람을 뜻한다. 마니아는 무언가를 (즐기는) 사람이지만 오타쿠는 무언가를 (연구하고, 집착하며, 맹목적 숭배 대상으로 삼는) 사람들이다.

아아, 친구의 시선에는 내가 '광고에 푹 빠진' 오타쿠처럼 보였나 보다. 하긴, '애드벎' 활동만 돌아봐도 그럴 만하다.

모임이 보통 저녁 8시에 있었는데, 함께 공모전을 했던 팀원들이 나를 제외하고 모두 서울 지역의 대학생들이었기 때문에 지방에 있다는 이유로 모임에 불성실한 모습을 보이는 게 싫어서 더욱 열심히 하려 애썼다. 그래서 통학생들처럼 학교 수업이 끝나면 부랴부랴 기차역으로 달려갔고, 서울의 모임장소로 올라가 밤을 새며 함께 작업을 했다. 그렇게 작업을 마치고 나면 새벽 4~5시쯤 되고, 아침 수업을 들어가야 해서 첫차를 타고 올라왔는데, 기차 안의 2시간 정도가 유일한 취침시간이었다.

지금 생각해 보면 정말 그때만큼은 커피가 물보다 필수품이었고, 정말 6시간이라도 잘 수 있는 날이 그렇게 행복할 수가 없었던 것 같다. 상대적으로 수면시간이 부족하다 보니 공강 시간마다 동아리방에서 잠을 자기 일쑤였는데, 덕분에 동아리 내에서 '동방 시체'란 별명을 얻기도 했다. 이런 생활을 1년 가까이 했으니, 우리 어머니께서는 "고3때 그렇게 공부했으면 대학을 골라서 갔겠다"라며 혀를 내두르실 정도였다.

만약 광고를 진심으로 좋아하지 않았다면 나는 벌써 지쳐 쓰러졌을 것이다. 그래서 친구가 얘기해 준 '오타쿠'란 표현이 기분 나쁘지 않았다. 친구가 말한 오타쿠의 의미는 우리가 보편적으로 느끼는 부정적인 그것이 아니라, '좋아하는 일을 즐기려는 나'에 대한 일종의 칭찬이었음을 알았기 때문이다.

자신의 꿈에 대해서 마니아만 되어서는 안 된다. 마니아는 누구나 될 수 있기 때문이다. 그 이상의 오타쿠가 되어야 한다. 자신의 꿈에 중독되고, 집착하고 즐기면서 한 걸음씩 더 나아갈 수 있도록 말이다. 그러다 보면 당연히 누가 시키지 않아도 스스로를 가치 있게 만들어나갈 수밖에 없다.

2009년 3월, 우연한 기회에 『회사가 뽑을 수밖에 없는 취업의 고수들』이란 책에 실릴 인터뷰를 가졌을 때(내가 스스로 취업에 대해서 고수인지는 알 수 없지만, 적어도 취업을 걱정하는 후배들에게 조금이나마 도움이 될 수 있을 것 같다는 생각에 인터뷰를 했었다), 나를 인터뷰하던 책의 저자에게 오타쿠에 관련된 이야기를 했다.

나중에 책이 출간되고 보니 내 인터뷰 꼭지의 제목은 이렇게 씌어 있었다.

'오타쿠가 되어라. 중독은 열정을 낳고, 열정이 실천을 부른다.'

기왕 하려면 하나만이라도 확실히

2008년 8월 어느 날, 우연히 알게 된 후배가 있었다. 그 후배는 광고를 하고 싶다는 꿈을 가지고, 하루하루를 열심히 준비하며 생활하고 있었다. 토익과 학점관리를 위해 하루 5시간 이상은 도서관에 있고, 공부가 끝나면 사람들과 모여 공모전을 밤새 준비한다고 했다. 집에 와서 컴퓨터를 켜면 제일 먼저 하는 것이 이제는 '싸이질'이 아니라, 방학 때 무슨 인턴십을 할 수 있을까 찾아본다고 했다. 물론 이 모든 게 자신의 꿈을 위한 노력임에는 분명하다.

하지만 늘 애써 웃는 모습을 보이고 있으면서도 후배의 얼굴에서는 매우 지친 듯한 표정이 역력했다. 남들은 다들 수상 경력, 어학 점수, 자격증을 차곡차곡 만들어가는 데 비하여 자신만 매번 공모전에 도전했다 낙방을 하는 것 같고, 어학 점수도 안 오르고……. 이래저래 뒤쳐지는 것 같아 걱정이라는 것이었다. 그래서 나는 일단 어학점수나 학점관리도 중요하지만 만약 공모전에서 좋은 결과를 만들고 싶다면 공모전에 들였던 시간을 지금보다 좀 더 투자해서 꾸준히 도전해 나가야 할 것 같다고 조언했다. 그러자 그 후배는 처음엔 수긍을 하는 것 같더니, 이내 고개를 저으며 이렇게 말하는 것이었다.

"선배는 지금 경력이 있으니까 그렇게 말할 수 있죠, 전 솔직히 공모전 하나만 팔 수는 없어요. 하루하루가 불안해서 이것저것 다 준비해야 해요."

그 말을 듣는 순간 미안함과 동시에 아쉬움이 느껴졌다. 미안함은 그 동생의 심정을 좀 더 헤아리지 못한 것 같아서였고, 아쉬움은 마치 수상 경력을 만들어낸 사람들을 '저 사람은 나랑 달리 능력이 타고난 사람이니까……'라는 식으로만 인식하는 자세 때문이었다. 그런데 이때 내가 느꼈던 미안함과 아쉬움은 그 동생뿐 아니라 이후 수많은 세미나와 후배들과의 상담을 통해 계속해서 느끼게 되었던 부분이다.

물론 우리가 스펙을 올리기 위해서 해야 할 것은 참으로 많다. 자격증도 따야 하고, 학점도 관리를 해야 하고, 어학 점수도 따야 하고, 공모전도 준비해야 한다. 하지만 모든 것을 한꺼번에 다 잘하기엔 우리의 몸이 하나밖에 없다. 따라서 이럴수록 '하나라도 제대로'라는 마음으로 임해야 한다. 열정을 가져도 집중력을 가지고 전략적으로 임하지 않으면, 그것은 단지 뜨거운 열기에 불과할 뿐이다. 하나라도 집중하여 제대로 완성해야 그것이 실제적인 기회로 찾아오는 것이다.

이를 더욱 뒷받침해 줄 수 있는 사실이 있는데, 적어도 내가 아는 사람들 중, 소위 '공모전의 달인'이란 사람들이 일궈낸 10개의 수상이란 100여 차례에 가까운 도전을 한다고 치면 그중 90번의 실패를 경험하면서(약간의 과장을 넣어 표현했지만) 얻어냈다는 것이다.

나 또한 그동안 해왔던 광고 작품 포트폴리오를 따로 구워 백업해 놓았는데, 그 분량이 CD 5장을 넘지만 이중 수상작들은 어림잡아 CD 한 장도 못 채울 정도로 상대적으로 비중이 적다. 대부분 출품작이라는 것이다.

하지만 공모전을 하면서도 '지금 토익 공부해야 해', '지금 자격증 시험을 준비해야 해' 하면서 중간 중간 다른 길에 눈을 돌리는 사람들이 과연 90번 정도 공모전에 도전할 정도로 광고에 집중적인 노력을 할 수 있을까? 누가 상을 탔다는 소리를 들으면 "어차피 저 사람은 실력이 있으니까" 하고 체념만 하는 후배들에게 그만큼 전략적이고 집중적인 노력이 중요하다는 것을 알려주고 싶다.

그렇게 노력에 노력을 하다 보면, 어느 순간 자신을 뒤돌아보았을 때 흐뭇해지는 것은 당연하다. 비록 수상작보다 출품작이 더 많더라도, 이것들은 내가 끊임없이 노력했다는 증거가 될 수 있으며 남들이 가지지 못한 나만의 포트폴리오로 내세울 수 있는 것이다.

 물론 공모전이란 것은 참가자의 창의력이 좌우하기 때문에 선천적인 능력이 중요하다고 인식할 수 있다. 그런데 재미있게도 '바다에 가까운 공모전 당선 확률'이란 꾸준한 노력과 도전으로 충분히 높일 수 있는 개념이다. 결국 우리가 소위 '받는 사람이 또 받는다'고 부르는 현상이란, 수상을 하는 이들이 '그에 못지않은 노력과 도전으로 기른 내공'에 따른 것이라 할 수 있다.

지름신도 때때로 필요하다

그럼에도 불구하고, '과연 내가 잘할 수 있을까', '시간 없을 것 같은데'라는 의구심만으로 우리는 시도도 하기 전에 끊임없이 망설여지게 된다. 아마도 20대의 열정이 가지는 가장 큰 딜레마dilemma는, 휴일이 두려울 정도로 가만히 있는 것을 못 참으면서도 마음속의 열의만큼 실행력이 따라가질 못한다는 점에 있다. 내가 하려고 마음먹었던 부분에 비해 실제로 실행했던 부분이 턱없이 적은 것은 이런 이유일 것이다. 이때에는 우리의 이성을 초월하는 신적 존재로부터 도움의 손길을 받길 무의식적으로 원하게 되는 것인지도 모르겠다.

나도 비유하자면 초월적 존재로부터 에너지를 얻었다고 말할 수 있는데, 그것이 바로 '지름신 강림'에 힘입은 결과다.

흔히 우리는 물건을 충동적으로 구매하고 난 뒤 "지름신 때문에"라고 말하며 애써 책임을 회피하려 한다. 그래서 '지름신'이란 말엔 어느 정도 소모적인 뉘앙스가 있는 게 사실이다. 하지만 바꿔 생각하면 '지름신'이란 자신이 원하는 것을 갖기 위해 더욱 적극적으로 행동하도록 만드는 고마운 존재일 수 있지 않을까?

그런 관점에서 본다면 20대의 열정에 오히려 지름신의 힘은 더더욱 필요한 것이라 생각한다. 달마다 쏟아지는 공모전, 자격증 시험, 여러 가지 현재의 나를 업그레이드 시킬 수 있는 기회는 많이 있다. 이들을 나의 것으로 만들기 위해서는 '후안을 생각하지 않고 쇼핑을 지르는 것'과 같은 적극적인 마인드가 필요하다. 나는 혼자서 6개월 동안 18번의 공모전을 해봤는데 한 번도 안 되는, 다소 굴욕적인 시절도 겪어보았다. 하지만 돌아보면 안 될 것 같아도 묵묵히 도전을 하던 것이 결국은 자기 실력을 높이는 데 큰 도움이 되었다. 당장에는 결과가 나쁘더라도 그 과정을 통해 분명히 남는 것이 있기 때문에, 기회가 된다면 뒷일 생각 없이 일단 저질러보길 권하고 싶다.

무작정 저질러보는 자세 덕분에 얻게 된 잊지 못할 에피소드가 하나 더 있다. 개인적으로 처음 '인터랙티브'에 주목을 하게 된 계기는 영화 홈페이지를 방문하면서부터였다. 마우스 이동에 하나하나 반응해 가며 방문자와 소통하는 영화 홈페이지들의 매력을 알게 되면서, 우연히 '포스트비주얼'과 'D.O.E.S'라는 두 회사를 주목하게 되었는데, 두 곳 모두 영화 홈페이지 제작으로 칸광고제에서 금사자상을 획득한 회사였다.

나 또한 이 두 회사의 마치 살아 있는 듯 생생한 홈페이지를 보면서 적잖은 충격과 자극을 받았다. 그리고 실제로도 두 회사가 어떤 곳인지 한번 가보고 싶어졌는데, 문제는 마땅히 '방문을 해야 할 이유'가 생각나지 않는 것이었다. 무턱대고 찾아가면 인터뷰는커녕 좋은 인상도 심어주기 어려울 것 같았다. 그래서 고민한 끝에 결국 학교 과제를 핑계 삼기로 했다. 그리고 두 회사에 차례로 전화를 걸

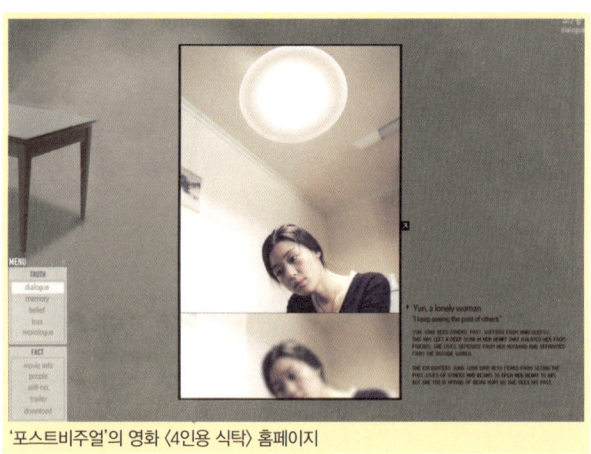

'포스트비주얼'의 영화 〈4인용 식탁〉 홈페이지

어, "학교 과제로 인터뷰를 해야 하는데, 응해줄 수 있느냐?"고 부탁을 했다. 만약 허락을 얻어 방문을 하게 되면, 작품을 만들게 된 계기부터 비결까지 낱낱이 물어볼 작정이었다.

그때 '포스트비주얼'에서는 "사람들과 상의해서 시간을 만들려고 했지만, 국내외 일정이 빠듯해서 당장은 만나기 힘드니 다음에 연락을 달라"는 답변을 받았고, D.O.E.S에서도 "지금은 업무가 과도해서 여유가 없는데, 메일로 인터뷰 내용을 보내주면 가능한 답변을 해주겠다"는 연락을 받았다.

결국 직접 만나는 것은 힘들었지만, 이렇게라도 소통을 하게 된 사실이 너무 기뻤다. 눈코 뜰 새 없이 바쁜 와중에도 두 곳 모두 학생이었던 내게 최대한 시간을 할애하려 노력했고, 실제로 만날 뻔

D.O.E.S의 영화 〈달콤한 인생〉 홈페이지

했다는 것만으로 가슴이 벅차올랐다. 그리고 이러한 시도조차 안 하는 사람들보다 한 발짝 더 앞서나간 것이라고 생각하게 되었다. 진정한 열정은 그에 뒤지지 않는 적극성이 필요하다. 그래야 기회를 잡을 수 있다.

과거는 미래의 의미 있는 좌표다

예전에 생각했던 것들이나 경험들은 어떠한 것이라도 현재의 나를 만드는 데 분명 도움이 된다. 공대 1학년 때 우연히 과 선배의 추천으로 학교 홈페이지 리뉴얼 작업에 참가할 기회를 얻었는데 그 당시 나의 포지션은 디자이너였다. 하지만 포토샵에서 할 줄 아는 것이라곤 이미지 자르는 것 정도밖에 없을 정도로 상황이 매우 심각했다. 아무래도 디자이너로서 학교 홈페이지 리뉴얼 작업을 하려면 포토샵과 HTML은 기본이고, 플래시도 꽤나 잘 해야만 했으니 말이다.

그래서 오기가 생겨 혼자 작업실에 남아 밤새도록 플래시 책자와 HTML 사전을 파고들었는데, 결국 그때의 시간들이 다 피와 살이 되었고 익혔던 플래시, 포토샵 기술 등은 학교 홈페이지 리뉴얼 작업을 잘 끝내도록 만들었을 뿐 아니라 후에 광고를 만들 때 유용하게 써먹을 수 있었다.

'과거는 현재의 미래다'라는 말을 들은 적이 있다.

그 말처럼 지금 당장엔 아무 관련이 없어 보이는 일도 어떤 식으로든 미래에 영향을 미치게 된다. 그래서 당연히 공대 시절의 경험도 내 과거의 일부분이고 현재를 만들어낸 수많은 조각들 중에 하나라는 것도 부정할 수 없는 사실이다.

결국 모든 과거는 현재, 그리고 미래를 만드는 토대나 마찬가지다. 과거에 술을 마시건, 공부를 하건 내가 했던 모든 행동은 지금에 영향을 미친다. 그런 점에서 과거는 항상 스스로에게 의미가 되어주는 좌표임이 분명하다.

멘토를 만들고 그를 귀찮게 하라

2008년 7월, KBS 광복절 특집방송 관련 인터뷰를 했을 때의 일이다. 그때 인터뷰 중 "최중식 군은 어떤 제자였나요?"라고 묻는 PD의 질문에 표문송 국장님의 대답이 굉장히 인상적으로 남는데, 이렇게 답변을 해주셨다.

"정말 귀찮게 하는 친구였어요. 그래서 기특한 친구였지요."

귀찮아서 기특하다니, 왠지 서로 어울리지 않는 표현 아닌가? 하지만 이어지는 국장님의 대답에 그 의아함이 해결되었다. 항상 내가 공모전에 출품할 기획서나 작품들을 봐달라고 귀찮게 하는 바람에 가뜩이나 바쁜데 쉴 시간이 없을 정도였다고. 그 정도로 제자가 열심히 하는 것을 보니 점차 성장하는 것을 느끼게 되고 굉장히 흐

못하셨다고 한다. '귀찮게 한다'는 표현은 말 그대로의 짜증에서 우러나오는 귀차니즘이 아니라, 열정적인 활동에 대한 반어적 칭찬이었던 것이다.

현실적으로 보면 스스로 실력을 키운다는 게 쉽지 않다. 다방면에 나름대로 노력을 하고는 있지만 아직은 어린 대학생일 뿐이기 때문이다. 어린 학생들의 아마추어 근성을 빠르게 프로 근성으로 성장시키려면, 학생이기 때문에 활용할 수 있는 특혜를 최대한 이용하는 것이 좋다. 그 특혜가 바로 '멘토mentor'이다. 다시 말해 '현명하고 신뢰할 수 있는 상담 상대, 지도자, 스승, 선생의 의미로 쓰이는 말'이라는 사전적 의미에서 알 수 있듯이, 우리에게 멘토란 바로 대학에 계신 교수님이나 현업에 진출한 선배님일 것이다.

이분들은 우리가 학생이기 때문에 가장 쉽게 도움을 받을 수 있는 분들이자, 어느 정도 위상을 갖고 계시는 전문가들이다. 가능하다면 작품을 출품하기 전에 꼭 한 번씩 뵙고 조언을 요청하자. 또한 열심히 출품작들을 보여드리다 보면, 조언을 해주는 입장에서 자연스럽게 '이 아이는 굉장히 열심히 하는구나' 하는 느낌을 받게 된다. 혹시 학교에 광고 관련 과가 없다든지, 있더라도 본인의 전공이 아니라고 좌절한다면 그럴 필요는 없을 것 같다. 중요한 것은 멘토와 같은 학부 사제지간, 선후배지간이냐가 아니라 자기 작품을 자신 있게 보여줄 수 있는 '깡'이 본인에게 있느냐이다.

나의 경우 광고홍보 전공이기 때문에 전공 교수님들께 작품들을 매번 보여드리긴 했지만, 경영학부에 계시는 전호성 교수님께도 열심히 피드백을 받았다. 그분은 비록 광고홍보 전공 교수님이 아니셨지만, 광고회사 출신이셨기에 현업시절부터 갖고 계신 냉철한 판단력이 분명 작품을 평가받는 데 도움이 될 것이라 생각했기 때문이다. 결국 경영학부 학생은 아니었지만 나는 교수님께 가장 자주 찾아가는 학생이 되었고, 나중에는 전호성 교수님의 추천을 통해 방학 중 광고회사에서 인턴을 하는 기회를 얻기도 했다.
　주변에 조언을 구할 수 있는 분이 있다면, 망설이지 말고 들이대자. 우리의 괴롭힘에 그분들 또한 무한한 기쁨을 느끼게 되니까.

새로운 자극을 계속 찾아라

광고와 친해지기 위해 한 걸음씩 다가가는 생활에 익숙해질 때 즈음, 문득 학교라는 틀 속에서만 대학생활을 보내는 것이 매우 단조롭게 느껴지기 시작했다. 물론 '애드빔'에서의 활동은 학교와는 상관없이 나에게 굉장히 의미 있고 재미있는 활동이었지만, 모 광고의 카피처럼 받고 또 받고 싶은 것이 인간의 욕심 아니던가? 좀 더 남다른 대학생활을 해야겠다는 목마름은 '애드빔'만으로는 해결되지 않았다. 어떻게 보면 지금까지 잘 지내왔던 자부심에 모순되기도 했지만, 가슴 한 구석에 아예 '광고'와는 상관없이, 뜻 깊은 경험이 되면서도 미래의 나에게 도움이 될 수 있는 무언가가 분명 있지 않을까 하는 생각이 커져갔다.

그때부터 나는 광고 이외의 활동들을 찾기 시작했다. 늦게나마 학교 동아리를 새롭게 시작할 수 있는지부터, 심지어는 인턴십이나 워킹 홀리데이까지도 알아보았다. 그러던 중 마치 운명적인 만남처럼, 나의 가슴을 마구 뛰게 한 것이 있었으니, 바로 단과대학 앞 게시판에 붙여진 마이크로소프트 스튜던트 파트너Microsoft Student Partner 모집 공고 포스터였다.

뭘 할지 구체적으로 명시되어 있는 것은 거의 없었다. 말 그대로 마이크로 소프트사의 파트너가 되어 함께 재미있는 일을 해보자는 포스터가 나의 호기심을 끌었다. 거기다 뽑는 방식도 이력서 같은 스펙 중심이 아니라 자신의 블로그에 자유 주제로 자신만의 Top10 리스트를 작성해서 응모하라니, 왠지 재미있는 도전이 될 것 같다는 생각이 들었다.

하지만 즐거움도 잠시뿐, 왜 이제야 내 눈앞에 나타나셨는지. 포스터 공고에 명시된 응모 마감은 앞으로 3일밖에 남지 않았다. 오후 늦게 포스터를 보았으니 정확히 따지면 이틀 반 정도밖에 남지 않은 것이다. 하지만 시간이 없다고 포기하기에는, 두고두고 후회할 것만 같은 느낌이 들었다. 어렵게 겨우 만난 상대를, 그냥 보내면 아쉬운 것처럼……. 결국 응모 마감 때까지 취침시간을 반납하며 Top10 리스트를 만들기 시작했다.

먼저 Top10 리스트를 만들면서도 내가 간과하지 않았던 점은,

이 리스트도 결국은 수많은 학생들 중에 나를 어필할 수 있는 유일한 무기라는 것이었다. 그렇기 때문에 Top10 리스트는 나를 가장 잘 표현해 주면서도 남들과 차별화된 독특함을 가져야 했다.

그래서 주제도 지금의 나를 가장 잘 표현할 수 있는 것으로, '남들과 다른 신선한 광고인이 되기 위해 내가 보관해야 할 것 Top10'으로 정했다. 그리고 나의 포스팅을 읽을 심사위원은 나 말고도 수십, 수백 개의 포스팅을 보고 심사하느라 매우 지친 상태일 것이라 예상하고, 나만의 Top10을 보여주기 전에 몇 가지 트릭을 설치해 놓았다. 즉, 제일 처음 보여지는 것은 Top10 리스트가 아니라 바로 쿠션과 소파의 이미지였다. 그리고 그 의자 위에는 이렇게 써놓았다.

"좀 쉬세요!"

Top10 리스트는 보이지 않고 뜬금없이 의자에다 쉬라는 글귀만 있으니, 무슨 일인가 궁금해 하는 사람들이 아래로 스크롤을 내릴 거라는 예상에 아래에는 이렇게 써놓았다.

"수많은 Top10을 찾아보시느라 많이 피곤하셨죠? 아까 쿠션과 소파로 괜찮아지셨는지 모르겠습니다. 물론 실제로 쉴 수 있는 것은 아니지만, 이미지가 갖고 있는 메시지 전달을 이용해 잠시나마 편안해지는 기분을 드리고 싶었습니다. 저는 '보는 사람'의 입장을 생각할 줄 아는 광고인이 되고 싶습니다."

피곤한 심사위원이 가장 반가운 마음으로 공감할 순간마저도 나

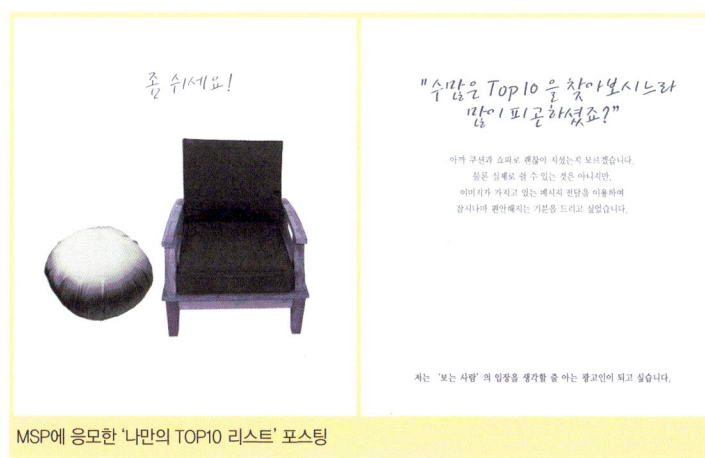

MSP에 응모한 '나만의 TOP10 리스트' 포스팅

를 알릴 수 있는 재료로 쓰고자 노력했던 것이다.

그리고 포스팅의 핵심이라 할 수 있는 나만의 Top10 리스트는, 많은 사람들이 정적인 텍스트와 이미지로 작성했을 것이라 예상을 하여, 좀 더 동적인 컨텐츠로 보이도록 특별히 플래시로 제작했다. 그렇게 만든 플래시 애니메이션 Top 10 리스트의 표지는 냉장고. 이것은 나 자신을 표현한 것이었다. 그리고 이 '최중식'이란 이름을 가진 냉장고가 스스로를 위해 어떤 것들을 상하지 않게 잘 보관하고 있는지, 그 10가지를 알고 싶으면 냉장고 안을 엿보라고 써놓았다. 이때 보는 사람이 냉장고 이미지를 클릭하게 되면, 자동으로 문이 열리는 애니메이션이 뜨면서 나의 Top10 리스트가 하나씩 보여지도록 했다.

그렇게 Top10 리스트를 응모하고 난 뒤 며칠 후, 여느 때와 같이 광고 공모전을 준비하며 밤샘작업을 하고 있을 때였다. 늦은 저녁, 그토록 기다렸던 반가운 한 통의 문자가 온 것이었다.

"1차 온라인 서류전형 합격을 축하드립니다."

하지만 기쁨도 잠시라는 말은 이럴 때 해야 하나 보다. 문자를 받은 이후 얼마 안 가서 면접 안내에 대한 전화를 받게 되었는데, 정말 만만치 않겠다는 생각이 절로 들었다. 면접에는 자신이 얼마나 열정적이며 MSP에 얼마나 적합한 사람인지 3분 동안 스피치를 준비해 와야 한다는 것이다.

'3분'이란 시간은 생각보다 너무 짧았고, 그래서 '2차 면접'이라는 산은 높아만 보였다

차별화 포인트를 계속 고민하라

MSP에 도전하기로 마음먹고, Top10 리스트를 작성할 때부터 우선시했던 것은 바로 '차별화'였다. 그래서 면접을 준비할 때도 "어떻게 하면 남들과 달라 보이게 할 수 있을까?"란 고민을 계속하게 되었다.

사실 이렇게까지 '차별화'에 대해서 초점을 맞추고 있던 이유는, 예전 아르바이트 모집의 면접에서 첫 고배를 마시며 차별화의 필요성을 절실히 느낀 경험이 있어서였다.

2007년 초, 학기 시작 전에 무슨 아르바이트 거리라도 없을까 찾아보던 중 우연히 모 방송국에서 대학생 트렌드 리더를 뽑는다는 공고를 보고 지원을 했다. 물론 이때는 MSP처럼 새로운 자극을 위해서가 아니었다. 부끄럽지만 대학생들이 보통 해봤다는 과외나 서빙 등 '아르바이트 경험'이 전혀 없던 와중에, 매일 나갈 필요도 없으면서 활동비 명목의 돈도 벌 수 있다는 조건에 이래저래 일반 아르바이트보다 나아 보여서 혹하는 마음에 지원을 한 거였다.

아무튼 이때도 1차 과제 심사를 간신히 통과하고 본사에서 면접을 보게 되었다. 본사에는 나 이외에도 수많은 학생들이 대기하고 있어서 다소 긴장되었지만 금방 화기애애한 분위기가 조성되어 면접에 들어가기 전까지 다른 학생들과 즐겁게 이야기를 나누었.

면접은 5명씩 조로 나뉘어서, 조별로 보는 방식이었는데 면접장에 들어가자마자 들떠 있는 분위기는 어디 가고, 금세 긴장된 분위기에서 면접이 바로 시작되었다. 그런데 5명 각자의 자기소개가 끝나고 나서, 바로 내 옆에 있던 한 여학생이 갑자기 심사위원에게 이렇게 말하는 것이었다.

"저…… 노래를 준비했습니다. 잘 부르는 것은 아니지만, 한번 들어주세요."

가수를 뽑는 것도 아닌데 갑자기 노래라니, 왠지 적절하지 못한 행동처럼 보여질 수도 있지만 열심히 노래를 부르는 그녀의 모습은 무엇이든 잘해낼 자신감이 보이는 것 같았다. 그리고 노래가 끝나자마자 자신의 포트폴리오를 폼 보드에 붙여 와서, 앞의 심사위원들에게 각각 나눠주기 시작했다.

그 모습을 보며 나를 모함한 나머지 4명은 면접 내내 쥐 죽은 듯 조용히 있을 수밖에 없었다. 그 후 발표된 합격자 명단에 우리 조에서는 유일하게 그 여학생의 이름만 당당히 들어가 있었음은 물론이다. 노래와 포트폴리오를 준비한 것이 면접의 당락을 결정한 것인지는 확실하지 않지만, 중요한 것은 그 안에 들어간 5명 중 누구보다도 그 여학생이 면접관들에게 가장 큰 임팩트를 주었음이 분명하다는 것이다. 그 당시 내가 뼈저리게 느낀 교훈은, 면접에서 자신을 어필할 수 있는 무언가를 준비해 가지 않으면 절대로 안 된다는 것이었다.

때문에 길어야 3분 내외의 짧은 MSP 면접시간 동안 어떻게 면접관들에게 강한 인상을 줄 수 있을지야말로 면접 전까지 내가 풀어야 할 최대의 숙제였다. 그래서 면접 당일, 면접시간이 한참이나 남았는데도 나는 미리 도착하여 근처의 커피숍에서 겨우 생각해 낸 나만의 해법을 정리하기에 바빴다. 이날은 그래도 면접이라고 나름 정장을 빼입고 왔는데 얼마나 긴장이 되었는지 모른다. 지금이야 웃으면서 얘기할 수 있는 추억거리가 되었지만, 그 당시에는 너무 떨려서 이게 만약 실제 입사 면접이었으면 기절했을 거라 생각될 정도였으니 말이다.

고배를 마셨던 트렌드 리더 모집 때와는 달리, MSP 면접은 생각보다 편안하고 자유로운 분위기 속에서 진행이 되었다. 아무래도 조별 면접이 아니라 개별 면접이어서 같이 면접을 보는 사람을 신경 쓸 필요도 없었고, 면접관의 수도 전보다 훨씬 적었기 때문이었을 것이다.

"긴장하실 필요 없어요."

면접관들은 이렇게 서두를 떼었지만, 이제부터 진짜로 면접이 시작되는 것이다. 나는 그동안 준비했던 '나만의 3분 스피치'를 시작하기 위해 면접 전날부터 고이 챙겨두었던 물건을 가방에서 꺼내들었다.

그것은 밑창이 다 닳은 헌 신발이었다.

"이것이 제 대학생활입니다. 지금까지 제 목표, 제 꿈을 이루기 위해 쉬지 않고 달려왔습니다. 물론 MSP라는 또 다른 기회를 위해서 지금 저는 새 신발을 신고 있습니다. 언제나 뛸 준비가 되어 있기 때문입니다."

자신이 얼마나 열정적이고, MSP에 적합한지를 말해야 하는 3분 스피치에서 그냥 말로 풀어내는 것보다는 어떤 상징적인 도구를 이용하는 것이 더욱 효과적일 거라는 판단이 들었고, 마침 쓰레기통에 버리기 직전까지 닳아버린 신발이야말로 나를 효과적으로 보여주기에 안성맞춤이라는 생각이 들었다.

이렇게 면접을 끝내고 며칠 뒤, 여느 때처럼 전공수업인 '홍보제작 연습'을 듣고 있었다. 발신자 표시가 '02'로 시작하는 전화가 울렸다. 서울에서 온 전화 같아 순간 가슴이 두근거렸다. 이 전화는 둘 중 하나일 것이다. 광고성 전화이거나, 아님 MSP 합격 통보 전화이거나. 수업 중이기 때문에 조용히 복도로 나가서 한껏 긴장된 마음으로 전화를 받았다.

"안녕하세요, 마이크로소프트입니다. MSP 지원에 최종 합격하셨습니다. 축하드립니다."

너무 기쁜 나머지, 복도에서 "야호~!" 하고 큰 소리를 지르는 바람에 주위 사람들의 눈총을 받았던 기억이 난다.

그 후 MSP 1st Workshop Party에서 나를 면접했던 분들과 다시 만나게 되었는데, 그때 나를 보자마자 다들 "아~ 신발!!" 하며 즐겁게 말을 걸어주시는 거였다.

'역시 헌 신발 아이디어는 꽤나 잘 먹혔구나……' 하는 생각과 동시에, 다른 사람과의 차별화에 포인트를 잡은 것이 썩 괜찮은 판단이었다는 생각이 들었다.

MSP 활동을 하면서도 '차별화'에 집중한 에피소드가 한 가지 더 있는데, 그것은 활동 보고서 제작에 대한 것이다. MSP가 아무래도 대학생 활동 프로그램이었기 때문에, 한국 마이크로소프트에 한 달에 한 번, 자신이 MSP로서 어떠한 활동을 했는지 보고서를 제출해야만 했다. 하지만 그때도 왠지 한글 파일이나 PPT 등으로 작성하는 것이 너무 평범하게 느껴졌었다. 나의 활동을 어필해야 하는 보고서인데, 여기서도 자신만의 색깔이 들어가야 하지 않을까?

그래서 고민 끝에 만든 나의 활동 보고서는, 『The New York Times』를 패러디한 일명 'The MSP Times'였다.

디자인만 신문의 틀을 가져온 것이 아니라, 안에 들어가는 텍스트들도 기사 형식으로 작성하여 나의 활동 자체가 화제성이 충분한 뉴스거리로 보이도록 만들었다. 그리고 마무리로 하단에 광고란을 개설해, 그 달에 만든 광고 공모전 작품인쇄부문 작품도 기재를 했다. 이로써 'The MSP Times'는 처음부터 끝까지 나만의 포트폴리오로 완성된 신문이 된 것이다.

나만의 활동보고서 『The MSP Times』

그렇게 나만의 보고서 'The MSP Times'를 매달 꾸준히 제출했다. 디자인부터 글을 작성하기까지, 보통 워드로 보고서를 작성하는 것보다 배의 노력이 필요하기 때문에, 'The MSP Times'를 만드는 날은 하루를 꼬박 샜던 것 같다.

하지만 그렇게 고생한 만큼, MSP를 담당하는 분에게 '엄청나다!' 라는 과찬도 들을 수 있었다. 나중에 들은 얘기지만, 보고서 등을 통해서도 MSP가 가진 열정이 어느 정도인지 평가를 하는데, 내가 제출한 보고서는 제일 높은 점수를 받았다고 한다.

그때 이후로 과제 발표나 토론, 심지어는 술자리에서 나오는 잡담 중에도 사람들의 관심을 끌 수 있는 '차별화 포인트'가 무엇일지 고민하는 버릇이 생기게 되었고, 이는 자연스럽게 내가 남들과 차별화된 이미지를 갖추는 데 도움을 주었다.

태국의 젊은 열정과 만나다

MSP 활동이 차별화가 얼마나 중요한지를 몸소 실천하고 느끼게 해주었다면, '이매진컵 서포터즈'는 설렘과 좌절을 동시에 안겨준 '사건'이었다.

여기서 한 가지, 이매진컵Imagine Cup은 전 세계 16세 이상의 학생들을 대상으로 매년 개최되고 있는 소프트웨어 기술경진대회이다. 2007년의 경우, 개최국이 한국으로 결정됨으로써 MSP들이 서포터로 자원봉사를 하게 된 것이다.

아무래도 전 세계의 학생들이 모이는 대회다 보니 한국 마이크로소프트에서는 사전 워크샵을 열어 MSP들이 각자가 서포트를 담당할 팀을 하나씩 지정해 주었다. 이때 내가 담당하게 된 팀은 태국의

'3KC Returns'라는 팀이었다. 물론 영어로 커뮤니케이션해야 한다는 것에 온몸으로 거부감이 느껴지긴 했지만, 그런 두려움보다 새로운 친구들을 만난다는 기대가 더욱 컸다.

본격적인 이매진컵의 시작일인 8월 5일은 출전하는 각 팀들의 입국이 있어 분주하게 움직였던 기억이 나는데, 태국의 '3KC Returns' 팀을 만나게 된 것도 이때부터였다. 사전에 이메일을 주고받았기 때문에 크게 서먹하진 않았지만, 실제로 만나보니 예상과 달라서 꽤 놀랐다. 자신의 나라를 대표해서 출전한 팀이니 얼마나 대단할까 싶어서 왠지 냉철하고 공부만 할 것 같은 이미지를 생각했는데, 직접 만나본 그들은 순박한 이미지의 웃음이 많은 청년들이었다.

새삼 나의 고정관념에 대한 반성을 하면서 간단히 체크인까지 도와주고 난 다음, 공식 개최식이라 할 수 있는 웰컴 디너파티로 향했다. 다른 대표팀들과 우리 서포터들은 그 파티 장소에서 친목을 다지는 시간을 만들고 있었는데 유독, '3KC Returns' 팀은 보이지 않는 것이었다. 나중에 숙소에 있다는 소식을 듣고는, '장시간 비행기를 타서 피곤했겠구나' 하고 대수롭지 않게 생각했다.

다음날, 서포터로서 그들을 도와주기 위해 경진대회장을 향했다. 그런데 그때 본 '3KC Returns' 팀은 더 이상 어제의 순박한 청년들이 아니었다. 알고 보니 어제 디너파티에 빠진 이유도 숙소에서 밤

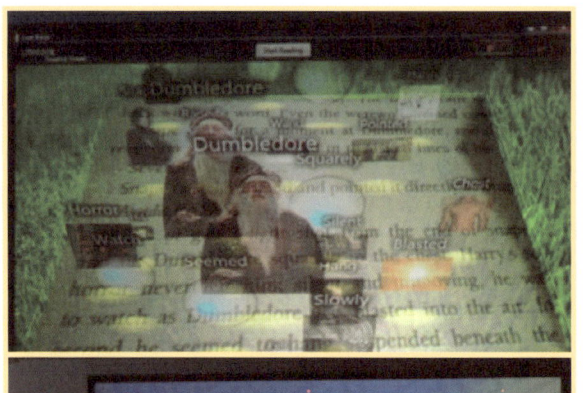
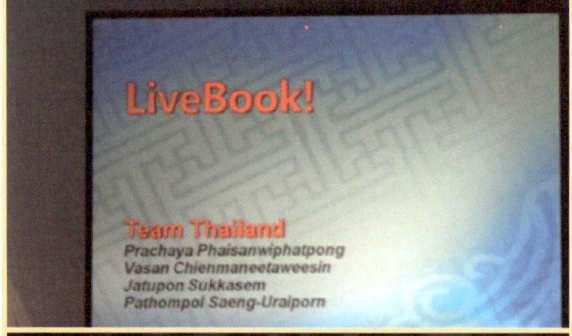

'Live Book' 프로그램을 시연하고 있는 태국팀

새 프레젠테이션을 준비하느라 그런 것이었다. 그렇게 자신들의 목표를 위해 휴식도 없이 오로지 작업에만 몰두하고 있었지만 그들은 전혀 피곤한 기색을 보이지 않으며 더욱 열정적으로 대회에 임하고 있었다. 그들의 눈빛은 어제보다도 더욱 살아 있는 것 같았다.

그들이 출품한 소프트웨어의 이름은 'Live Book'. 어린이나 글을 읽고 쓰는 데 장애를 겪고 있는 사람들을 위한 소프트웨어로, 실제 책을 웹캠에다가 올려놓으면 그것의 단어를 인식해서 이미지를 그 위로 띄워주는 프로그램이다.

실제로 이들은 프로그램 시연에서 『해리포터와 죽음의 성물』을 올려놓았는데, 책에 있는 '덤블도어'를 인식하여 실제 덤블도어 교수의 이미지가 떴다. 그러자 많은 사람들이 갈채를 보내기 시작했고, 질의응답까지 무사히 통과하며 태국 팀은 프레젠테이션을 성공적으로 잘 마무리 지었다. 마치 한 기업의 CEO처럼 당당하게 자신들의 프로그램을 설명하는 모습이 프로페셔널하게 보였다. 그 노력이 빛을 발한 것이었을까. 결국, 놀라운 일이 벌어졌다.

마지막 시상식 날. 그토록 기다리던 1위의 발표.

마이크로소프트 조 윌슨Joe Wilson 아카데믹 이니셔티브 총괄 담당 전무가 이렇게 외치는 것이었다.

"3KC Returns!"

그들은 2007 이매진컵 세계 1위의 팀으로 선정이 된 것이었다.

1위를 차지한 태국팀의 소감 발표

사실 전 세계에서 너무나 많은 사람들이 모였고, 그들 하나하나가 자신의 나라 대표로서 매우 뛰어난 실력을 가지고 있음이 분명했다. 그래서 '3KC Returns'가 계속해서 경쟁을 뚫고 올라가는 모습을 보고 적잖은 충격을 받았다.

세계라는 무대에서 자신의 꿈을 펼치고 있는 이들과 대화하면서, 나는 스스로가 한없이 부끄러워졌다. 이런 그들 앞에서 내가 과연 열정적이라 말할 수 있는가?

전국에서 모인 49명의 열정적인 대학생들과 함께 MSP를 하면서 더욱 큰 비전을 가지고 노력해야 한다는 다짐을 해오던 중이었다. 이매진컵을 통해 전 세계에서 모인 내 또래의, 하지만 나보다 더 꿈을 향해 노력하는 청년들을 보면서 지금까지의 나는 우물 안 개구리일 수도 있겠다는 생각마저 들었다. 역시 넓은 곳에 나와 앞서 가는 인재들을 만나봐야 자극을 받게 되는구나 싶었다. 지금보다 노

태국팀과 함께했던 즐거운 순간

력을 몇 배로 더 해야겠다는 생각이 들었다.

마지막 날 저녁에 열린 Farewell Party는 경쟁을 떠나 모두가 모여 함께 즐기는 날이었다. 이때는 '3KC Returns'도 첫날 파티에 못 갔던 한을 푼다며 모두가 참석하여 파티를 즐겼다. '3KC Returns'는 이매진컵의 스타가 되었고, 많은 팀들이 파티에서 그들을 축하해 주었다. 그리고 나는 그들과 더욱 가깝게 대화를 하면서 그들이 가진 꿈을 들을 수 있었다.

태국에 IT가 존재하는지도 몰랐다는 이야기를 많이 들어서 아쉬

큰 자극과 감동을 준 태국 친구들

움이 많았으며, 이번 일을 계기로 모두가 태국의 IT를 기억해 주었으면 좋겠다는 것, 그리고 앞으로도 그렇게 되도록 노력하는 IT 개발자가 되는 것이 꿈이라고 했다.

그렇게 새로운 친구들을 만나서 많은 생각과 자극을 갖게 만들었던 이매진컵이 끝난 몇 달 뒤 '3KC Returns'의 팀원 중 한 명인 Jatupon Sukkasem으로부터 사진과 함께 메일이 찾아왔다.

Long time no see. I miss Korea very much, u too.

My life backs to normal in Thailand excepts too often of interviewing here, I think, quite boring. My friends are very excited that I am back with the trophy, you know, the one I win from the imagine cup. Microsoft Thailand CEO is also very excited. When she gave a speech in front of Thailand-media-press, I see her tear was dropping. Not only she, but also my parents, too. Every things goes well here.
I hope and wait to see your letter; write to me!
So, now this mail is also followed with the pictures I have been taken with u.
Good luck then.

이 편지를 보고 너무 반가웠고, 다시 한 번 다짐했다. 그들의 열정에 지지 않을 만큼, 더욱 열심히 뛸 것이라고. 새로운 자극은 그렇게 나에게 더욱 채찍질을 하게 만들었다.

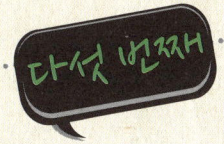

다섯 번째

끝까지 나를 사랑하라!

도전이 언제나 성공만을 가져다준다면 좋겠지만, 아쉽게도 현실은 좋은 소식이 들리지 않을 때가 더 많다. 그러다 보니 계속되는 실패를 경험하게 되면 '내가 이것밖에 안 되나' 하고 위축될 수밖에 없다. 문제는 스스로에게 실망이 커지면 자기 자신에 대한 믿음마저도 쉽게 꺼져버리게 된다는 점이다. 그래서 흔히 '나 자신과의 싸움에서 승리하라'는 말이 있는데, 나는 이 말을 바꾸고 싶다. '나 자신과 친해져라'라고 말이다. '자기 자신'은 싸워서 이겨야 하는 존재가 아니라, 오히려 더 아껴주고 감싸줘야 할 존재라고 말하고 싶다.

그대의 가장 좋은 친구는 바로 자기 자신이다.
- 그라시안

노력도 배신당할 수 있다

광고에 대한 꿈을 접으려 했을 정도로 심하게 자책을 하게 만든 사건이 있었는데, 2007년 조선일보 광고대상 신인창작부문에 출품했던 작품과 관련이 있다.

광고는 닛산 '인피니티'가 가진 가속력을 표현한 것인데, 인피니티의 속도가 너무 빨라 빗물이 갈라지는 모습과 함께 '날카로운 속도로 하늘의 눈물을 베다'라는 카피로 마무리를 지었다. 참고로 기억에 남는 부분을 말하자면 갈라지는 빗물의 효과였다. 이 부분이 생각보다 구현해 내기 힘들었는데, 아무리 포토샵으로 그리거나 인터넷의 물방울 이미지를 가져와 합성해도 원하는 형태로 잡히지가 않는 것이었다. 결국 같이 작업하던 팀원 중 디자인 부분을 맡고 있던 건웅 형과 함께 고민한 끝에 겨우 방법을 고안했다. 바로 프라이팬을 들고 직접 어두운 화장실에 들어가서 뒤집은 프라이팬 위에 샤워기를 틀어놓고 프라이팬의 뒷면에 물방울이 튀기는 장면을 플래시를 터트려서 연속으로 촬영하는 것이었다. 그랬더니 다행스럽게도 빗물이 갈라지는 효과를 깔끔하게 연출해 낼 수 있었다.

그렇게 2주 동안 밤을 새가며 힘든 작업을 거쳐 무사히 출품하고 난 뒤였다. 조선일보 측으로부터 연락이 왔는데 '금상'을 수상했으니 시상식 날 참석하라는 것이었다. 드디어 예비 광고인으로서 우리의 작품이 프로 광고로 인정을 받은 것만 같았고, 그동안의 고생이 무색하게 느껴질 정도로 기뻤다.

하지만 인생이 쉽지 않다고 누가 그러던가? 수상의 기쁨은 생각보다 오래가지 못했다. 시상식이 열리기 전, 우리의 광고와 너무나도 비슷한 작품이 발견되었기 때문이다.

2007 조선일보 광고대상 신인창작부문 출품작

앞에서도 이미 이야기했지만, 우리는 작품에 대한 다양한 피드백을 얻기 위해 항상 공모전에 출품작들을 제출하자마자 인터넷 공모전 커뮤니티에 올린다. 조선일보 광고대상 때도 그렇게 출품작을 커뮤니티에 올렸고 별다른 문제가 없을 듯싶었다. 하지만 어느 날 커뮤니티에 한 회원이 아래의 작품을 올리면서 우리의 것과 굉장히 컨셉이 비슷하다고 지적을 한 것이었다. 이후 우리는 엄청난 혼란에 빠졌다.

'이럴 수가, 하늘 아래 자기만의 아이디어가 없다더니……'

하지만 어떡하랴. 잘못이 있다면 아이디어 스케치를 할 때 비슷한 작품이 있는지 좀 더 철저히 자료조사를 못했던 우리의 탓인 것을……. 우리는 아무런 항의를 할 수가 없었다.

그 사건이 일어난 며칠 후, 같은 팀원이었던 인서 형한테 전화가

표절 논란의 증거 자료로 제시되었던 외국의 광고작품

왔다.

"형, 우리 어떻게 되는 거예요?"

"응, 중식아……. 조선일보와 통화했는데……."

인서 형의 목소리는 그 어느 때보다 기운이 없어 보였다.

조선일보에서는 우리 작품에 대한 수상을 인정할 수 없다는 항의 전화를 많이 받게 되었단다. 그래서 다시 우리 작품을 재심사하게 되었는데, 결국 시상식 전에 수상 취소를 결정하게 되었다는 것이다.

처음엔 너무나 당혹스러웠지만 '나중에 더 잘하면 되지' 하고 팀 분위기를 회복하는 데엔 시간이 얼마 걸리지 않았다. 하지만 막상 개인적으로는 마인드 컨트롤하기가 쉽지 않았다. 정말로 떳떳하게 아이디어 회의를 해서, 부끄럽지 않게 만든 작품이었지만 인정받기는커녕 그 노력에 배신당한 것 같은 기분을 떨쳐버릴 수가 없었던 것이다. 창조적인 광고를 하고 싶어했던 나 자신이 부끄러워지면서, 나중엔 심한 자책감까지 느끼게 되었다.

이제 겨우 광고에 대해 자신감이 생기고 있었는데 표절이라니……. 혹시 난 아무리 노력을 해도 안 되는 인간이 아닐까? 애초부터 소질이 없었던 것은 아니었을까? 이렇게 스스로를 끊임없이 자학하면서 더 이상 공모전에 열의를 쏟기가 힘든 상태까지 나를 몰고 갔다.

나에게 휴식을 선물하라

<u>스스로에 대한 답을</u> 얻지 못하고, 마음을 다잡지 못하는 하루하루가 계속되었다. 기운도 의욕도 없었다. 그런 날이 계속되자 문득, 이대로는 안 되겠다는 벼랑끝의 심정이 되었다.

'휴식이 필요하다. 여행이나 가자. 어디로 갈까?'

'부산이나 가볼까? 한 번도 안 가본 곳이잖아.'

그렇게 무언가 자기 최면에 이끌리듯 시작한 부산여행. 새벽기차를 타고 부산역에 도착한 뒤, 나는 상념으로 가득 차 무작정 걷고 또 걸었다. 그때 번민으로 가득한 외로운 여행자에게 수많은 '길'들이 다가왔다. 나는 그저 망설임 없이 순간적으로 원하는 길을 선택해 계속 걸었다. 새로운 길로 나아갈 때마다 부산은 색다른 얼굴을

하고서 내 눈앞에 펼쳐졌다. 만약 누군가와 함께 여행을 떠난다면 함께 가는 사람이 어딜 가고 싶은지 생각해야 하고, 무엇을 먹고 싶은지 신경을 써야 한다. 하지만 혼자 여행을 가면 내가 어디를 가고 싶은지, 내가 무엇을 먹고 싶은지만 생각하면 된다. 그래서인지 자연스럽게 나 자신에 대해 좀 더 집중하는 계기가 되었다.

그렇게 하염없이 걸으며 해운대의 아름다운 바다 앞까지 도달했을 때, 반짝 하는 깨달음이 내면에서 솟구쳤다. 그건 내 선택이 틀리지 않았다는 메시지였다. 그동안 내가 해온 모든 일들과 노력과 실패와 그 모든 과정들 자체가 온전히 나라는 한 인간의 궤적일 뿐,

내가 추구하는 꿈과 희망은 잘못된 것이 아니라는 확신이었다. 바닷바람이 시원하게 가슴을 훑고 내려갔다.

　인생은 어차피 홀로 떠나는 여행. 여행길이 모두 순탄한 아스팔트 평지라면 얼마나 매력이 없고 지루할 것인가? 지금 내가 경험하는 모든 과정들이 여행길의 낯선 코스라고 생각하고 한 발 한 발 내딛으면 그만인 것을. 인생의 굽이굽이마다에서 마치 여행길의 골목처럼 생각하고 평상심을 유지하는 것이 중요하다는 단순하고 중요한 진리를 깨닫게 되었다.

　2008년 초 홀로 떠난 부산 여행은 나에게 있어 탁월한 선택이었다. 내가 하고 싶은 일의 소중함과 더불어 나 자신에 대한 애정까지 깨달았기 때문이다. 홀로 떠난 여행은 자괴감으로만 가득 차 있던 나에게 다가가 진정으로 마음을 열게 만들었다. 그리고 내가 정말로 하고 싶은 일에 대해 다시 한 번 마음을 굳건히 하게 만들었다. 나에겐 오로지 광고뿐이었다.

실력보다 학벌이 먼저라구요?

하지만 혼자 여행을 다녀온 지 얼마 안 되어, 다시 한 번 기운을 빠지게 만든 사건이 있었다. 2008년 1월, 현재는 경영학부 교수로 계시는 전호성 교수님의 추천으로 방학 동안 광고회사에서 인턴을 하고 있을 때였다. 처음으로 광고회사를 체험하게 된 것이어서 짧은 기간 동안이라도 최대한 열심히 하고 싶었다. 저녁 6시에 칼퇴근하는 인턴들도 있었지만, 나는 야근을 하면서 되도록 늦게까지 남아 있곤 했다.

덕분에 매번 집에 도착하면 저녁 11시가 넘었지만, 현업의 광고를 한다는 사실만으로 피곤을 잊을 수 있었다. 처음에 1개월만 하기로 한 인턴도 "월급을 안 받아도 좋으니 한 달이라도 더 있게 해달라"고 부탁을 해서 2개월로 기간을 늘렸다.

아무튼 초반과는 달리 팀 내 업무를 조금씩 돕게 되면서 원하는 일을 하는 즐거움을 만끽할 수는 있었지만, 사회는 생각보다 냉정했다. 어느 날, 같은 팀에 계시던 상사 한 분과 아침식사를 하면서 잠시 대화를 나눌 기회가 있었다.

"중식이 넌 인턴인데도 정말 열심히 하고, 게다가 일도 잘하는 것 같구나."

그분의 말 한마디에 인턴이긴 했지만 그래도 내 근무 태도를 인정받은 것 같아 속으로 감격을 하기 시작했다. 하지만 그 다음 청천벽력과 같은 말이 이어지는 것이었다.

"그런데 광고회사에 입사하기는 힘들 것 같아."

순간 아침의 묵직한 피로가 단번에 날아갈 정도로 머릿속이 멍해지는 느낌에 너무 당황을 한 나머지 나도 모르게 되묻는 말이 튀어나왔다.

"네? 뭐라고요?"

"클라이언트에게 신뢰를 주기 위해서는 우리가 가진 배경이 어떠한지도 중요해. 우리 회사만 보아도 소위 말하는 SKY 출신이나 해외 유학파들이 많이 있지만 지방대 출신은 거의 없어. 만약 네가 광고회사에 입사하는 것이 꿈이라면, 다른 걸 할 게 아니라 편입 공부부터 하는 게 좋을 거야."

"……네."

나는 그분의 말에 반박을 해보기는커녕 그저 무기력한 대답만 반복할 수밖에 없었다.

물론 지금은 아무렇지 않게 이야기할 수 있지만 그 당시엔 애써 태연한 척하려고 해도 적잖이 충격을 받았다. 우리나라가 간판사회인 것은 어느 정도 인식하고 있었지만 가장 창의적이고, 즐겁고, 자유로운 상상이 요구되며 실력이 우선시 될 거라 믿었던 일의 현업 종사자에게서 그런 보수적인 말이 나올 줄은 몰랐기 때문이다.

그분이야 나름대로 나를 위해 현실적인 조언을 해주었기 때문에 원망스럽다기보다는 오히려 고마운 부분도 있었다. 다만 '아무리 내가 광고를 하고 싶어도, 지금의 사회란 나에게 광고를 할 기회조차 안 주는 냉정한 곳이구나'라는 생각으로 한참 동안 우울했다.

도망은 최악의 선택이다

나를 좌절에 빠뜨린 두 가지 에피소드로 인해 이전처럼 광고를 하고 싶다는 순수한 열정이 크게 움츠러들었던 건 사실이다. 일주일 내내 학교에서 광고 관련 수업에 들어가지 않을 정도였다. 나는 흔히 실력 위주로 인정받는다는 IT 업계 쪽에 다시 눈을 돌리기 시작했다. 포털 기업의 채용정보가 있는지 수시로 살피는 한편, 게임회사 쪽에서도 내 적성에 맞는 직군이 있는지 알아보았다.

그러던 중, 지난 10개월 동안 진행되었던 Microsoft Student Partners라는 학생 활동 프로그램에서 최우수 활동자로 선정되어 한국 마이크로소프트에서의 인턴십 기회가 들어왔다. '차별화'로 포장된 MSP 활동이 결국 빛을 발한 것이었다. 취업이 보장된 인턴십은 아니었지만, '광고를 등질 수 있는 곳'을 찾았다는 생각에 무리가 가더라도 인턴을 꼭 해야겠다고 마음먹었다.

하지만 당시 4학년 1학기 중이기도 하고 단순 인턴십만으로는 휴학을 하기도 어정쩡했기 때문에, 수업을 듣는 교수님들을 한 분 한 분 찾아가 면담을 하기 시작했다. 그리고 중간 기말고사를 반드시 봐야 하는 것과 이메일로 리포트를 매주 보내기로 약속을 하고서야 겨우 휴학 없이 인턴 허락을 받을 수 있었다. 취업계도 낼 수 없는 상황에서 무리하게 인턴을 하려 했던 것은, 광고를 할 수 없다면 하루라도 빨리 다른 길을 찾는 것이 최우선이라고 생각했기 때문이었다.

그후 한국 마이크로소프트에 있는 Developer & Platform Evangelism이란 부서에서 Academic Marketing Specialist라는 직책으로 인턴을 시작하게 되었다. 사람들에게는 "광고보다 IT 마케팅에 더 관심이 가기 시작했어요"라는 빈말을 하기 시작했고, 끊임없이 지금이 잘하고 있는 것이라 스스로에게 최면을 걸었다. '애드뷁' 팀원들과는 계속해서 만나긴 했지만 얼굴을 잊지 않기 위함이지, 공식적으로 활동을 하지는 않았다. 광고 스터디도, 광고 공모전도 더 이상 하지 않았다.

정신없이 바빠지면서 얼마간은 광고에 대한 생각을 잠시 접어둘 수 있었지만, 오래 가지는 못했다. 하루 일과가 끝나고 퇴근길에 보이는 광고들은 처음 광고를 만났을 때의 설렘을 떠올리게 하면서,

동시에 생각하고 싶지 않은 일들을 다시 한 번 들춰내곤 했다.

그때 학과 교수님과 상담을 하게 되었는데, 교수님께서 내게 해주신 말씀이 큰 힘이 되었다.

"상대적으로 기대치가 있느냐 없느냐의 차이이다. 유명 대학을 나온 사람은 기대치가 높을 수밖에 없으니까 사회에서 선호를 하게 되고, 유명하지 못한 대학을 나온 사람은 기대치가 낮을 수밖에 없어서 사회에서 덜 선호를 하게 된다. 하지만 실력이 있고 없고는 별개의 문제다. 좋은 대학을 나와서 실수를 하게 되면 기대치가 있었기 때문에 실망이 큰 법이지만, 좋지 못한 대학을 나와서 인정을 받으면 오히려 그 의외성 때문에 더 인정을 받을 수 있지. 다만 일류 대학을 나온 사람들은 어렸을 때 그만큼의 노력을 해서 좋은 위치에 가 있는 것이기 때문에, 우리가 그 갭을 좁히려면 몇 배로 노력을 해야 한다."

교수님의 조언은 주눅이 들어 있던 내게 다시 뛰어야 하는 이유를 주었고, 그것은 어느 때보다 절박하게 다가왔다. 그리고 결심했다. 지금 내가 당장 수능을 다시 볼 수 없는 위치라면, 일류대학의 다른 친구들보다 훨씬 더 노력을 해야 한다고. 그리고 꿈을 사랑하는 스스로를 사랑하고 끝까지 믿어야 한다는 것도 말이다.

만약 자신이 사회에서 인정받지 못하는 것처럼 느껴진다면, 그럴수록 냉정해지라고 당부하고 싶다. 자신의 위치를 냉정하게 파악하

되, 이는 위축되기 위함이 아니라 그 다음으로 도약하기 위한 발판으로서 꼭 필요한 자세이다.

실패는 결과가 아니라 과정이다.
그래서 실패했다는 것은 아무 의미가 없다.
왜냐하면 그것은 결정된 것이 아니라 과정상의 오차에 불과하기 때문이다.
- 지승룡

마음의 힘을 믿어라

2008년 9월 서울 광화문 시네큐브, 대구 경북 디자인센터, 그리고 부산 디자인센터로 각 지역을 순회하며 세미나를 한 적이 있다. 그때, 세미나를 하면서 내가 항상 빼놓지 않고 강조하던 이야기가 있는데, 그것은 다음과 같다.

한 남자가 50kg짜리 군장을 메고 언덕을 올라가고 있었다. 후에 남자가 말하길 "굉장히 무겁고 힘들어서 중도에 포기하고 싶었을 정도"였다고 한다. 하지만 남자는 포기하지 않고 정상까지 올라갈 수 있었는데, 그 비결은 군장을 OOO라고 생각했기 때문이다. 여기서 문제. OOO는 무엇일까?

그렇다. 바로 어머니였던 것이다. 그 남자는 단순히 군장이 무겁지 않다고 생각한 것이 아니라, 어머니라고 여겼기 때문에 반드시 포기하지 말고 들어야 하는 이유가 생긴 것이었다. 자신이 어떠한 심정으로 군장을 대하느냐에 따라 군장은 무거운 군장이 되기도 하고, 가벼운 어머니가 될 수도 있는 것을 보면 마음가짐은 우리가 생각하는 것 이상의 힘을 가진 것이 분명하다.

결국 고난을 극복하는 가장 좋은 방법은 마음가짐을 어떻게 하느냐에 달려 있다는 사실을 깨닫게 해주는 일화였던 것이다(이 일화는 군대에 간 직후인 논산 훈련병 시절, 조교가 말해 주었던 것이다).

실패의 경험들은 교묘한 속성을 가지고 있다. 어떻게 해서든지 슬럼프를 극복하면 자신의 실력을 더욱 키워낼 수 있는 밑거름이 되지만, 극복해 내지 못하면 '자괴감'의 위치에만 머물러 있을 뿐이다. 자신을 압박하는 '자괴감'과 '자학감'에 설득 당해서는 안 된다. 실패자는 성공을 못한 사람이 아니라 실패의 마음을 극복하지 못하는 사람인 것이다.

중요한 것은 세상에 맞서는 마음가짐의 문제임을 다시 한 번 강조하고 싶다.

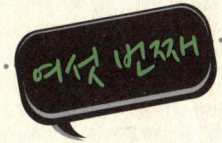

여섯 번째

20대의 열정은 배신하지 않는다!

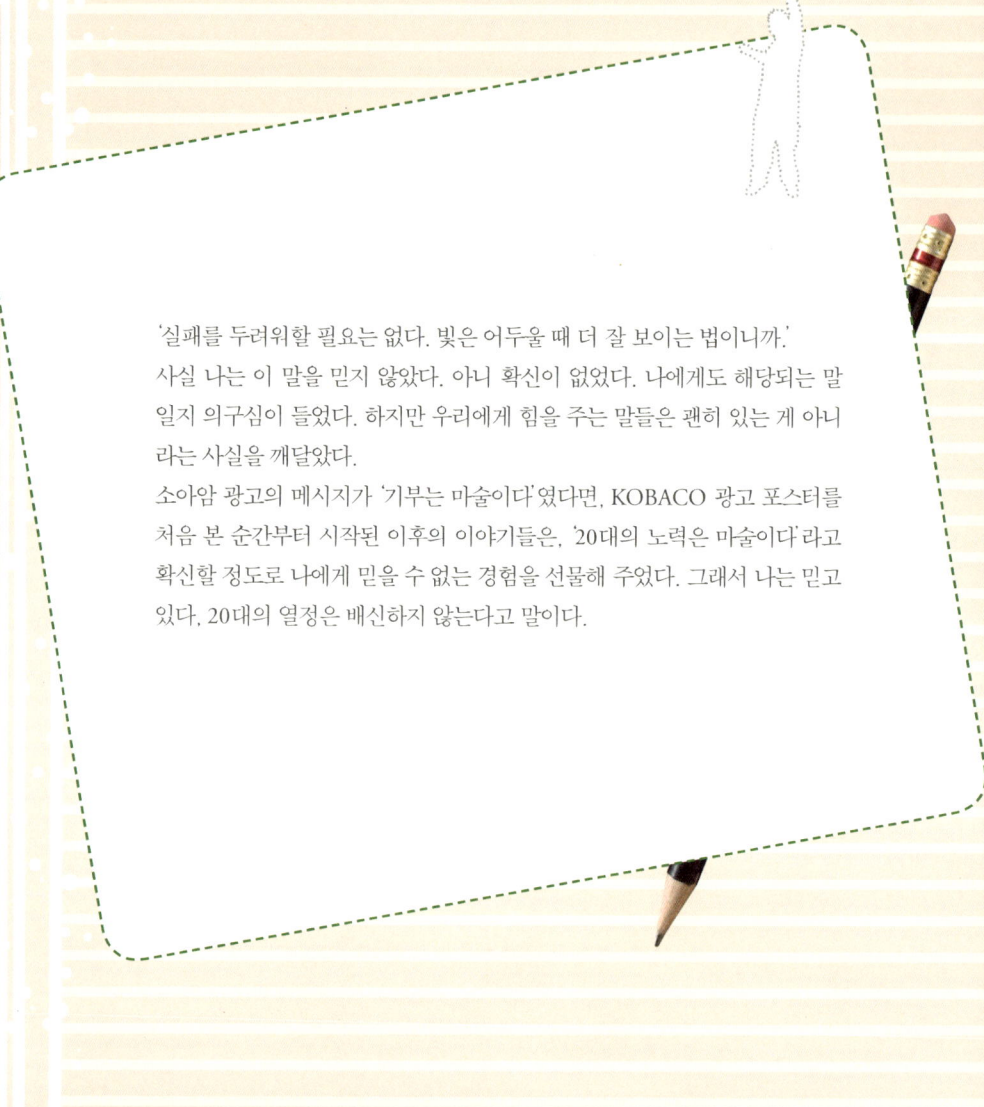

'실패를 두려워할 필요는 없다. 빛은 어두울 때 더 잘 보이는 법이니까.'
사실 나는 이 말을 믿지 않았다. 아니 확신이 없었다. 나에게도 해당되는 말일지 의구심이 들었다. 하지만 우리에게 힘을 주는 말들은 괜히 있는 게 아니라는 사실을 깨달았다.

소아암 광고의 메시지가 '기부는 마술이다'였다면, KOBACO 광고 포스터를 처음 본 순간부터 시작된 이후의 이야기들은, '20대의 노력은 마술이다'라고 확신할 정도로 나에게 믿을 수 없는 경험을 선물해 주었다. 그래서 나는 믿고 있다. 20대의 열정은 배신하지 않는다고 말이다.

초심으로 돌아간다는 것

처음 KOBACO 광고대회 포스터를 보는 순간, 언제 힘들었냐는 듯 다시 광고에 도전하고픈 욕구가 살아나기 시작했다. 마치 처음 광고를 하고 싶다고 마음먹었을 때와 같이 말이다. 이유는 대회 명 바로 밑에 표시되어 있는 '칸 국제광고제 영 크리에이티브 한국대표선발'이라는 문구 때문이었다.

칸 국제광고제!

이름만 들어도 너무나 설렜다. 세계 최대 규모와 역사를 자랑하는 광고인들의 축제가 아니던가! 그리고 내가 광고를 하도록 계기를 만들어준 것도 칸 국제광고제 수상작이었으니 말이다. 게다가 칸 국제광고제의 영 라이온스 부문에 한국대표로 나갈 수 있는 일생일대의 기회라니 당연히 놓칠 수 없지 않겠는가?

여기서 한 가지, 영 라이온스 부문이 무엇인지 잠시 설명을 하고자 한다.

영 라이온스Young Lions는 말 그대로 젊은 광고인들을 위한 경연 부문이다. 그래서 만 28세 미만이라는 참가 제한이 있는데, 이 때문에 젊었을 때가 아니면 다시는 출전할 수 없는 부문(혹시 28세 미만이 아니어서 1~2년 늦게 태어날 걸 하고 아쉬워하는 사람들이 있다면 걱정하지 말자. 다행히도 우리나라의 경우, 군 문제가 있기 때문에 유일하게 30세 미만까지는 출전할 수 있으니까)이기도 하다. 그렇다면 경진은 어떻게 이루어질까? 영 라이온스 부문은 현장에서 주제를 받은 후 24시간 내로 직접 광고를 만드는 것으로 진행이 된다.

이러한 영 라이온스 부문의 한국대표를 뽑는 것이기 때문에 KOBACO 광고대회도 당연히 같은 방식으로 진행이 된다고 공모 요강에 명시되어 있었다. 경진 분야는 기획, 사이버, 필름의 세 분야였으며 예선을 통과한 본선 진출자들은 KOBACO 연수원에 모인다. 그리고 현장에서 발표한 주제에 대해 참가자들이 24시간 동안 즉석으로 작품을 만들게 되며, 작품 완성 후 이를 평가한다는 것이다. 영 라이온스 부문의 참가자격은 학년 제한이 아니라 나이 제한이므로, KOBACO 광고대회는 학생들뿐 아니라 만 28세 미만의 젊은 현업 광고인들도 참가할 것이고, 이들과도 경쟁을 해야 한다.

하지만 이런 조건들은 더 이상 내게 망설임을 줄 수 없었다. 광고인 헬 스테빈즈Hal Stebbins도 "덤비지 않으면 이룰 수도 없다"고 이야기하지 않았던가. 나는 바로 KOBACO 광고대회에 도전하기 시작했다. 도전이란 늘 우리에게 무한한 파워를 준다.

재부팅할 기회는 늘 찾아온다

KOBACO 광고대회의 여러 부문 중 내가 도전한 분야는 사이버 부문이었다. 사이버 분야가 다른 매체보다 차별화될 수 있는 점은 바로 광고를 보는 사람과의 상호 소통이 가능하다는 것이다. 나는 사이버 광고라는 특성에 맞게 단순히 보여주는 아이디어가 아니라, 보는 사람의 몸짓 하나에도 반응을 보일 수 있는 인터랙션interaction을 중시했다. 물론 이러한 '자극—반응'이 무의미한 것이 아니라, 메시지와도 밀접한 연관을 보이게끔 노력했다. 물론 심사위원들이 매년 같다는 보장은 없지만 일방적인 커뮤니케이션으로 끝나는 것보다 인터랙션이 구현된 쌍방향 커뮤니케이션이 심사에서 사이버 광고만의 강점을 줄 수 있는 것은 분명하다. 다음은 '지구 온난화'

라는 주제를 받고 제작한, KOBACO 광고대회 예선에서 제출한 작품이다(나중에 알게 되었는데, 이 작품은 예선 1위의 영광을 얻게 되었다).

일단 '지구온난화'가 어떤 것이고, 사회에 어떠한 파급력을 지니고 있는지 자료를 수집할 필요가 있었다. 인터넷을 검색하면서 여러 정보를 얻을 수 있었지만, 무엇보다 앨 고어Albert Arnold Gore Jr.의 세미나를 담은 〈불편한 진실An Inconvenient Truth, 2006〉이란 영화를 보면서 많은 공부가 되었다. 그리고 그 영화에서 지구 온난화의 피해 사례 등이 나온 부분을 따로 동영상 클립으로 만들어 실제 예선 작품을 제작할 때 사용하기로 했다.

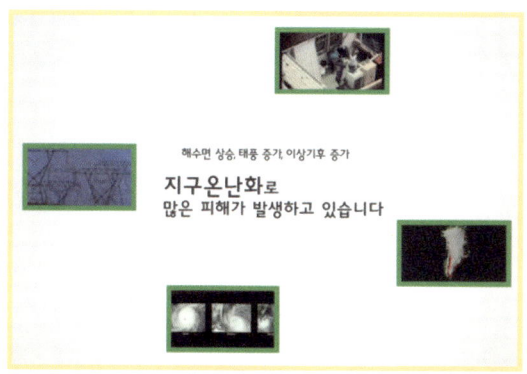

광고에서는 먼저 해수면 상승, 태풍 증가, 이상기후 증가와 같은 장면들을 하나하나 보여주면서 지구온난화의 파급 효과를 알려주었다. 하지만 이대로만 끝난다면 심심하지 않겠는가? 궁극적인 메

시지 전달의 극대화를 위해 좀 더 크리에이티브한 부분으로 전환을 시켰다. 편지지를 화면에 띄우고, '아파하는 지구를 위해 희망의 메시지를 적어주세요'라고 말이다.

광고를 본 사람은 이를 보고 지구가 살아 있는 것도 아닌데 어떻게 편지를 보내지? 하고 의문을 가질지도 모른다. 하지만 광고의 핵심 의도는 바로 그 다음에 있다. 광고를 보는 사람이 지구를 위해 희망의 메시지를 적으면, 이후 그 메시지가 점차 확대되면서 메시지를 이루고 있는 것이 수많은 나무들이었음을 보여준다. 그리고 '지구를 생각하는 당신의 마음, 나무를 심으면 표현할 수 있습니다'라는 카피를 보여준다. 광고를 보는 사람이 직접 쓴 메시지가 광고의 일부가 되어, 광고가 말하고자 하는 궁극적인 메시지로 전환이 되는 것이다.

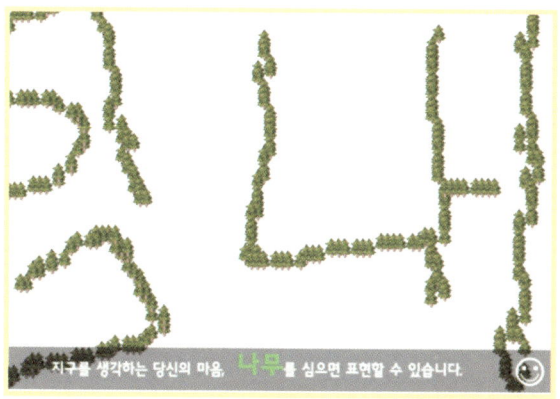

 만약 사용자로부터 마우스를 통한 광고의 개입이 없이 그저 나무를 심으라는 말만 전달했다면, 이 광고는 별 메리트 없이 그저 그런 작품으로 끝났을 것이다. 하지만 사이버 부문은 단순히 보여주기에서 끝나는 것이 아니라, 보는 사람의 마우스 클릭에 따라 자극과 반

응을 끊임없이 주고받도록 만들었기 때문에, 이것이 사이버 광고로서 인정을 받을 수 있다고 생각했다.

작품을 완성하고 접수를 하는데, 팀명을 적는 란이 있었다. 개인 출전이긴 했지만 당연히 팀명을 애드뷁으로 정했다. 부디 이번의 도전이 나 자신뿐 아니라 광고를 통해 알게 된 나의 소중한 친구들이 다시 한 번 힘을 낼 수 있는 기회가 되길 바라면서 말이다.

그렇게 작품을 제출한 뒤 3월 14일, 조마조마해 하며 매일같이 확인을 했던 KOBACO 홈페이지에 드디어 예선 통과자 명단이 떴다.

"즐거운 화이트 데이에 모든 분들에게 1차 합격 소식을 전해드리지 못하는 점 널리 이해해 주시기 바랍니다"라고 운을 띄운 공지 글은 더욱 가슴을 떨리게 했다. 그리고 스크롤을 천천히 내려나가면서 명단에 들어가 있는 '애드뷁'의 이름을 확인할 수 있었다.

'감사합니다! 감사합니다!'

정확히 누구를 향해 말하는 것은 아니었지만, 나는 속으로 계속 중얼거리고 있었다.

이후 본선이 시작되는 3월 28일, 잠실에 있는 KOBACO 광고 문화회관 앞에서는 본선 진출자들이 2박 3일 동안 치를 본선을 위해 하나둘씩 모이기 시작했다. 본선은 사이버뿐 아니라 전 분야에서 예선 통과자들이 모이는 것이므로 애초 생각보다 많은 인원이 모인 것을 보고 '예선은 아무것도 아니었구나' 하는 생각까지 들 정도로

2008년 KOBACO 광고대회 본선에 올랐다.

놀라웠다.

그래서일까? 본선 당시 대회를 진행하시던 한국방송광고공사의 관계자분께서 본선 진출자들이 다 모인 가운데 이렇게 말씀하셨다.

"여기서부터는 실력보다 운이 좌우할 것이라 생각합니다. 떨어지더라도 낙담하지 마세요."

하지만 걱정하지 말자고 스스로에게 응원을 했다. 운이라는 것도 노력하는 사람에게만 오는 것이니까. 그리고 본선으로 달려가는 버스에 탑승하기 직전, 애드뷁 카페에 접속하여 이렇게 글을 남겼다.

이제 곧 경진 시작!
혼자 왔지만 애드뷁을 안고 갑니다.
화이팅!

스스로의 가능성을 믿다

본선에 간다고 도착하자마자 주제를 받는 것이 아니었다. 심사위원들이 본선 기간 내내 참여하는 것이 아니어서 심사는 마지막 날 아침에 이루어진다. 때문에 일정에 맞추려면 주제 발표는 저녁에, 그전까지는 간단한 자기소개 세션과 광고계의 인사 분들을 초빙한 강연 등이 이루어졌다.

특히 자기소개를 하는 부분에서는 아예 '칸으로 간다!'라는 글귀를 새긴 티를 입고 나오는 사람이 있을 정도로, 굉장한 자신감과 열의를 가진 사람들을 많이 볼 수 있었다. 이들을 보면서 광고를 포기하려고 했던 내 자신이 조금 부끄러워지기도 했고, 새삼 이런 열정적인 사람들과 함께 있다는 사실만으로도 가슴이 뿌듯해짐을 느꼈다.

광고계 인사 분들의 강연이 끝나자, 대회 진행자 분이 올라오셨다. 드디어 기다리던 주제 발표가 시작되는 것이었다. 진행자 분은 두루마리를 하나 꺼내더니 우리 앞에서 펼치기 시작하셨다. 그러자 '젊음'이란 두 글자가 보였다. 주제가 발표되기 무섭게 참가자 모두가 분주해지기 시작했다. 바로 작업에 돌입하는 이도 있었고, 자료 수집을 하러 밖에 나가는 사람도 보였다.

하지만 나는 출발부터 문제에 부딪혔다. 사이버 부문 본선 진출자들은 각자 자신이 작업할 노트북을 지참해야 했는데, 오는 도중에 충격을 받았는지 내 노트북이 부팅이 안 되는 것이었다.

한참을 씨름하고 전원 버튼을 눌렀다 말다를 하며, 겨우 기사회생하는 노트북을 보고 얼마나 안도의 한숨을 내쉬었는지 모른다. 그렇게 노트북의 설치를 마치고, 주제에 대해 곰곰이 생각을 했다.

'젊음.'

제품도 아니고 뚜렷한 정의를 내릴 수도 없는, 굉장히 포괄적인 개념의 키워드였다. 노인을 쓸 수도 있고, 패기와 도전 등을 연결시켜 풀 수도 있다. 하지만 이런 접근은 누구나 할 수 있는 것들이었다. 발상의 출발에서부터 배제를 시켜야겠다는 생각이 들었다. 그래서 젊음에 대해 색다른 방식으로 정의를 내리면서도 그것이 누구나 수긍할 수 있도록 하는 방법을 찾는 것에 주력을 하고 이를 제작으로 옮겼다.

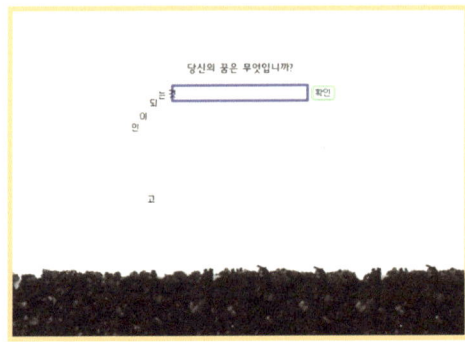

즐거움을 마음껏 누릴 수 있는 것

다음은 내가 본선의 24시간 동안 제작한 작품의 내용이다.

광고는 처음 보는 사람에게 이런 질문을 던진다.

"당신의 꿈은 무엇입니까?"

그리고 하단의 입력창에, 자신의 꿈이 무엇인지 입력을 하도록 유도한다. 만약 보는 이가 자신의 꿈을 입력하면, 입력한 꿈은 일종의 씨앗이 되어 텍스트 박스에서 내려와 하단에 배치된 흙 속으로

뿌려진다. 뿌려진 꿈은 새싹이 되어 올라오고, 점차 자라나서 무성한 나무가 된다. '젊음'이란 광고를 보는 이의 꿈이 자라날 수 있는 시기이며, 이를 가꾸고 과정을 즐기는 젊음이야말로 꿈을 누릴 수 있는 특권이다. 이것이 광고에서 보여주려던 메시지였다.

그렇게 작품을 겨우 완성, 마감 직전까지 다듬고 겨우 제출을 하고 나니 저녁 9시가 훌쩍 넘었다. 너무나 피곤해서 바로 숙소로 돌아가 쓰러졌다.

다음 날, 아침 일찍 강당에 모든 참가자들이 모였다. 다들 피곤한 기색이 역력했지만, 오늘이 바로 수상자 발표 날이었다. 기획부문 최종 결선에 오른 팀들의 프레젠테이션이 끝나고 바로 각 부문 심사가 이어졌다. 결국, 심사가 끝나는 오후까지 내내 기다려야 했는데 긴장이 되어서인지 지루할 틈도 없었다.

그리고 드디어, 시상식이 시작되었다. 필름부문의 시상이 끝나고 곧바로 사이버부문의 시상이 이어졌는데, 동상과 은상, 금상을 발표하는데 내 이름이 호명되지 않았다. 하지만 이상하게도 '떨어졌네……' 하는 낙담이 들지 않는 것이었다. 아무래도 예선에서 1위를 했기 때문에 마지막까지 이름이 호명되지 않는 것에 더욱 기대감이 커졌다.

"사이버 부문 대상……!"

나에게 다시 광고의 자신감과 용기를 불어넣어준 KOBACO 광고 대회의 수상

 본선에 모인 참가자들이 모두 앉아 있던 의자를 손으로 두드리며 발표의 긴장감을 더하기 시작했다. 그때였다. 진행자의 입에서 그토록 꿈꿔왔던, 놀라운 단어가 터져나왔다.
 "애드뷁!"
 사실 그 이후의 상황은 자세히 기억이 안 난다. 정신이 멍해졌기 때문이다. 다만 시상대에 올라 대상을 받으면서, 심장이 뛰는 소리를 느꼈다. 내가 꿈을 위해 뛰는 동안, 함께 뛰어주던 심장소리 말이다.
 그렇게 나는 KOBACO 광고대회를 마치고, 2008년 칸 국제광고제 영 라이온스 사이버부문의 한국대표로 출전할 수 있는 티켓을 손에 쥐게 되었다.

그런데 KOBACO 광고대회의 경우 혼자 출전을 한 것이었기 때문에 2인 1조로 참가해야 하는 영 라이온스의 규정상 한 사람이 더 필요했다. 칸 국제광고제 한국사무국에서는 나와 파트너가 될 사람을 조만간 소개시켜 준다고 했다. 그리고 칸으로 출발하기 3주 전, 한 통의 문자가 도착했다.

"안녕하세요. 함께 팀을 이루게 된 신석진입니다. 제일기획에서 아트디렉터로 있고요. 앞으로 잘 부탁드립니다."

드디어 새로운 팀원을 만나게 된다는 사실에 설레기도 했지만 가슴 한 구석에 왠지 모를 불안감이 조금 자리 잡고 있었다. 팀원과의 협업능력을 키우고 준비하기엔 칸으로의 출발일이 고작 2주일도 안 남았기 때문이었다.

'나'를 응원하는 사람은 분명 있다

나는 스스로를 '빚쟁이'라고 생각한다. 광고를 하기로 마음먹었을 때부터 지금까지 많은 분들한테 상상도 못할 커다란 도움을 받았기 때문이다. 그래서 앞으로 그 빚과 은혜를 갚아 나가는 광고인이 되고 싶다. 그리고 수많은 도움을 주신 분들 중 특히 표문송 국장님에 대해 소개하고 싶다.

표문송 국장님은 대홍기획의 크리에이티브 디렉터이지만, 처음에는 교수님으로서 뵈었다. 발단은 이러하다. 3학년 1학기 때 학과에서 '광고 크리에이티브'란 강의를 개설했는데, 실제 현업에서 광고하는 분이 오신다는 소문이 학과에서 돌기 시작했다.

아무래도 광고인이 되고 싶어하는 학생들에게 현업 광고인은, 마치 연예인을 만나는 느낌이 아닐까? 덕분에 '광고 크리에이티브'는 수강신청 기간 동안 학과생들의 인기를 독차지했던 강의 중 하나였다. 나 또한 기대감에 부풀어 어렵사리 수강신청에 성공하고, 첫 수업을 들었을 때의 감동을 잊지 못한다.

현업 광고 현장에 대한 생생한 경험담과 크리에이티브에 대한 통찰력, 그리고 연륜을 잊게 만드는 열정적인 강의는 새삼 광고를 선택한 나의 가슴을 더욱 두근거리게 만들었고, 매주 수업이 궁금해지기 시작했다. 그렇게 나는 표문송 국장님을 통해 광고에 대한 열의를 더욱 키울 수 있었고, 한 학기를 마치고 다시 현업으로 돌아가신 국장님께 종종 연락을 드리며 공모전에 대한 피드백을 받기도 했다.

하지만 점차 연락의 횟수가 뜸해지는 것은 어쩔 수 없나 보다. KOBACO 광고대회 소식을 마지막으로 연락을 드리지 못했다. 몇 개월 뒤, 칸 국제광고제에 갈 날짜가 점점 가까워지면서 나는 다시 한 번 잘해야 한다는 압박감에 조금씩 긴장을 하면서 스트레스를 받기 시작했다. 그러던 중 기분 전환을 위해 인터넷에서 광고 관련 블로그를 검색하다 정말 우연히, 표문송 국장님의 블로그를 발견하게 되었다. 너무나도 반가운 마음에 블로그를 처음부터 하나하나 살펴보았다.

광고에 대한 생각과 교수님의 일상을 보여주는 글들을 읽어가면서 예전처럼 국장님의 강의를 듣는 기분이 들기 시작했다. 바로 그

때, 나를 깜짝 놀라게 했던 글이 있었다.

지난 10월, 가르치던 제자가 조일광고대상에서 금상을 탔다. 하지만 그 상은 곧 취소가 되었다. 이른바 표절시비. 수상작에 대한 인터넷 발표가 있자마자 네티즌들이 표절 혐의가 있는 원 광고를 제시한 것. 도대체 어디서 그런 광고를 찾아내는 것인지…….
나조차 처음 구경하는 러시아 광고. 표현 컨셉의 유사성은 인정하지만, 과연 표절의 멍에를 씌워야만 할까 싶은 생각도 없지는 않았다. 표절에 대한 기준도 명확치 않을 뿐더러, 내 제자가 시비에 휘말린 작품을 이전에 보지 못한 건 너무나 명확한 사실…… 같았지만 이 또한 팔이 안으로 굽는 걸까? 그런데 네티즌은 보도 듣도 못한 저 러시아 광고는 어떻게 구해냈을까?
솔직히 순간 무섭다는 생각이 들었다.

2006년에 이어 2007년에도 조일광고 심사위원으로 내정되었다가 우리 회사 사장님이 심사위원장으로 위촉되는 바람에 한 회사에서 중복심사위원은 규정 위반이란 이유로 심사위원에서 물러난 나로서는 녀석의 금상 수상이 더욱 기뻤는데……. 연이은 표절시비와 수상 박탈이 너무 뼈아프게 다가왔다. 표절 여부를 가릴 소명의 기회라도 줬더라면…….

하지만 나로선 어떤 구제의 방법도 없어서 더 가슴이 아팠다. 젊은 학생이기에 금상의 명예가 큰 만큼, 표절로 인한 불명예는 더할 수 없이 큰 상처가 될 것이었다. 녀석이 내게 보낸 편지의 말미에 애써 태연한 모습으로 굳은 결의를 보여준 건 그만큼 녀석이 아팠다는 반증이었다.

"…… 결국, 오늘 조선일보에서 금상이 취소되었다는 연락을 받았습니다. 하지만 더 큰 목표가 있기에 쓰러지지 않겠습니다. 이번 일을 통해 본의 아니게 심려를 끼쳐드려서 정말 죄송합니다. 앞으로 더욱 더 분발하고, 지금의 경험을 항상 새기며 더 좋은 모습을 보여드리겠습니다!"

시간은 흘렀다. 그리고 녀석에게서 다시 전화가 왔다.
출근길 버스 안. 정확히 9시.
아마도 내 출근시간을 맞추기 위해
아침 일찍부터 초조하게 기다렸나 보다.

"교수님, 저 중식인데요. 지난 주 KOBACO에서 광고대회가 있었는데, 제가 대상을 탔어요. 우리나라 국가대표로 선발되어 칸에 가게 되었어요. 교수님께도 이런 모습 꼭 보여드리고 싶었어요. 교수님,

정말 감사드려요!"

네 녀석 말처럼 쓰러지지 않고 다시 일어나 고맙다, 중식아!
칸으로 가는 최중식!
제목을 써놓고 보니 안도현의 시 〈서울로 가는 전봉준〉이 떠오른다.
중식이 너는, 네 크리에이티브의 혁명을 꼭 이뤄내라!

지금 보면 좀 쑥스럽기도 한 내용이지만, 그때 이 글을 보고 벅차오르는 감동을 억제할 수가 없었다. 언제나 나를 생각해 주고 응원해 주는 사람들이 있었다는 것. 머리로는 알고 있었지만 가슴으로는 모르고 있었기에, 혼자가 아님을 깨닫게 해주시고 이렇게까지 응원해 주시는 국장님이 너무 감사했다. 그리고 더욱 더 감사한 마음으로 용기를 되찾을 수 있었고, 칸 국제광고제 준비에 대한 자신감을 회복하게 되었다.

그 후 시간이 흐른 2008년 7월, KBS 광복절 특집방송 관련 인터뷰를 했을 때의 일이다. 당시 주변의 감사드리고 싶은 지인들을 만나는 장면을 담아야 했는데, 그때 오랜만에 표문송 국장님을 다시 찾아뵙게 되었다. 워낙 바쁘신 분인지라 실례를 무릅쓰고 광고 촬영장에 직접 찾아갔는데, 바쁜 시간을 쪼개어 인터뷰를 허락해 주셨던 기억이 난다.

그때 PD님께서 "표문송 국장님은 어떤 분이십니까?"라고 물으셔서 나도 모르게 "은사님"이라고 대답을 했다. 그래, 이제 국장님은 나에게 교수님보다 은사님이 더 맞으리라. 끝까지 보이지 않는 곳에서 응원을 보내주시면서 내가 다시 일어날 수 있도록 구해주셨으니 말이다. 지금도 이렇게 글을 쓰면서 다시 한 번 표문송 국장님께 감사하고 있다.

사람은 누구나 혼자가 아니라는 말이 있다. 그러니까 걱정하지 마라. 외롭다는 생각이 들 때가 오더라도, 당신은 절대 혼자가 아니다. 보이지 않게, 당신을 응원하고 있는 사람이 있으니까. 그리고 나 또한 이 글을 읽고 있는 당신을 응원한다.

젊음의 오기는 버리지 않는다

말도 많고 탈도 많았던 조선일보 광고대상의 사건 이후, '애드뷁'은 더욱 성장을 하게 되었다. 그리고 다행스럽게도 KOBACO 광고대회의 대상 수상은, 우리를 다시 한 번 끈끈하게 뭉치도록 만들어주었다.

 확실히 연이은 공모전 낙선에 수상 취소는 사기를 한층 꺾어놓았지만 그것 하나에 얽매일 필요는 없었다. 공모전을 하는 것도 중요하지만, 더 중요한 것은 광고를 하고자 하는 우리의 의지였으니까. 그러던 어느 날, '애드뷁'의 멤버인 인서 형이 팀 카페에 이런 글을 올렸다.

When everyone see trees

one of them has to see the forest

otherwise, all of them will be lost in the forest forever.

모두가 노를 젓는다면 배는 산으로 간다.

하지만 노를 젓지 않아도 흘러가는 배보단

산으로 가는 배가 훨씬 좋다.

20대로 세상을 치열하게 산다는 건 무엇일까요?

공모전도 사랑도 취업도 아니라고 생각합니다.

저는 일단 맨땅에 헤딩을 해보려고 합니다.

어른들이 어리다고 비웃어도

그들의 룰대로 살기엔 너무 젊습니다.

남들이 불쌍하게 쳐다봐도

그들보다 큰 그림을 그린다고 확신합니다.

시간이 지나 오늘을 돌아볼 때

반드시 웃을 거라고 믿습니다.

초등학교 중학교 고등학교 대학교 군대 다시 대학교.
저를 옭아매었던 사회의 틀 속에서 몸을 빼고
제 호수를 만들어보려고 합니다.
젊음에 충실해 보려 합니다.

한 인간의 꿈은 취업이어서도, 월급이어서도 안 되지만,
그냥 '광고를 좋아'해서도 안 되는 것 같습니다.
어린 날의 풋풋함은 버리고 열정은 지키겠습니다.
어른들의 식상함은 거절하고 노련함은 배우겠습니다.
좀 더 잘 살아보겠습니다 .

16명 너무 훌륭한 분들이 모였습니다.
우리 에너지를 쓰기엔
공모전은 너무 작습니다.
취업은 너무 허무합니다.
광고제도 크지 않습니다.

여러분은 자신의 젊음을 어떻게 불태우실 건가요?
저는 생각 중입니다.

인서 형의 글은 우리 멤버들의 가슴에 잔잔하면서도 강력한 파문을 일으켰다. 이 글을 통해 우리는 다시 한 번 서로의 마음을 모을 수 있게 되었다. 우리는 광고를 좋아하고 광고를 하고 싶은 사람이다. 그런데 광고를 왜 좋아하냐면, 그것은 사람을 좋아하기 때문이었지, 우리의 작품을 단순히 광고로서만 인정받고 싶었던 건 아니다. 광고를 통해 사람을 행복하게 만들 수 있다고, 세상을 더욱 따뜻하게 만들 수 있다고 믿었던 게 아닌가? 우리는 광고를 좋아하기 시작했던 처음의 마음으로 돌아가 다시 뛰기로 했다. 더 큰 그림을 그리기 위해서.

그때, 사회적으로 큰 이슈가 된 사건이 있었으니, 사상 초유의 태안 기름 유출 사고로 대한민국 전역이 들썩였다. 물론 여기저기서 태안을 살리고자 하는 움직임이 있었지만, 홍대와 대학로는 여전히 붐비고 있었고, 클럽은 언제나 만원이었다. 가장 이목이 집중된 사건임에도 불구하고 안타깝게도 태안반도와 젊은이들 간의 연결고리는 약했다.

그때 우리가 실행하고 싶었던 사람을 향한 아이디어, 그 첫걸음은 바로 '태안 문제의 해결'이었다. 우리의 아이디어를 발휘하여 이 문제를 다른 젊은이들과 함께 고민해 보고 싶었다.

먼저 제안서를 만들기로 했다. 우리만의 아이디어로 기획되고, 우리의 존재를 알릴 수 있는 제안서 말이다. 제안서의 내용은 태안

사태 해결을 위한 열 가지 광고 아이디어를 기업과 공동으로 진행하는 프로젝트였다.

제안서를 만들기로 결정한 뒤, 인서 형이 다음 글을 카페에 올려 본격적인 프로젝트의 시동을 걸었다.

태안반도 문제가 시들시들하다가
라인업 방송 이후 다시 활기를 찾아갑니다.
우리 몫인데 빼앗긴 기분이 드네요.
어쨌든 지금까지 결정된 참여인원은
재기 형, 건웅 형, 일진, 인서, 현주, 중식입니다.
효정이, 윤영이도 같이 했으면 좋겠는데요.
월요일부터 작업이 들어갈 것이고,
화요일엔 중식이가 합류,
수요일엔 현주가 합류,
금요일까지 제안서 완료합니다.
지금까지 나온 아이디어는 다음과 같습니다.

껌 - BTL
벽면 기름닦이 - BTL
천정 풍선 - BTL

불법현수막타워 – BTL

Don't fight for oil, fight oil – 해외 인쇄

대천 오일팩 – 국내 인쇄

초등학교 편지 – 인터넷 개재

굴 판매 – 프로모션

티져 영상 – PCC

공연, 전시 기획

작가 개별접촉

까만 모래 – DM 아이디어

개별 아이디어의 구체적인 메시지를 정리할 필요가 있으며,
추가 아이디어와 DMDirect Mail의 구체적 시안이 필요합니다.
조금 더 아이디어를 내주세요.
그럼 내일부터 작업 들어갑시다.
장소가 없으면 우리 집에서총 컴퓨터 5대 내 방 침대 치우고 작업실로 변경 가능해요.
아니면 다른 데도 알아봅시다.

CREATE FOR THE PEOPLE!

사람을 향한 아이디어의 첫걸음, 태안 살리기 프로젝트 제안서

우리만의 아이디어로 의미 있는 일을 해보자는 생각은, 공모전 때보다 우리를 많이 힘들게 했지만 그래서 더욱 즐겁게 모여 작업을 할 수 있었다. 며칠 밤을 새고, 고민하고, 뭉치면서, 그렇게 우리는 태안을 살리기 위한, 사람을 위한 아이디어가 담긴 제안서를 만들어냈다. 그리고 이 제안서를 가지고 국내 200개 기업을 만나고 돌아다녔다. 기업이 제안서를 받아들이고 우리의 클라이언트가 된다면, 우리는 이 프로젝트에 필요한 예산을 받아 이를 실행하고, 클라이언트와 사람들 사이의 새로운 관계를 형성시켜 주겠다는, Win-Win 전략을 강조했다.

하지만 우리가 학생들이기에 신뢰할 수 없었던 것일까? 불행히도 200개의 기업 중 그 어느 곳도 우리의 아이디어를 쉽게 받아주는 곳은 없었다.

그렇게 시간이 지나던 어느 날이었다. 2008년 5월, 우리가 만든 제안서를 토대로 한 작품을 세계 3대 광고제 중 하나인 뉴욕페스티벌에 출품한 뒤 놀라운 소식을 들을 수 있었다. 국내에선 인정 못 받은 아이디어지만, 해외에서는 알아주지 않을까 하는 맘으로 국제 광고제에 출품한 것이 전 세계 단 5작품만 뽑는 학생부문 파이널리스트에 오른 것이다. 그것도 국내 최초로, 국내 어느 대학생들도 하지 못했던 것을 우리는 이루어낸 것이다.

지금은 팀원들 중 졸업한 형들이 'Creativia'란 회사를 차리고, 계속해서 새로운 목표를 향해 열심히 광고를 하고 있다. 비록 우리의 태안 프로젝트는 여전히 ~ing 상태이지만, 우리는 언제든지 이 프로젝트를 실행할 준비가 되어 있으며, 앞으로도 변함없이 사람을 위한 광고를 만들자고 다짐했다. 우리가 만든 기획서의 마지막을 장식한 문구처럼, 언제나 세상을 바꿀 수 있는 것은 무모한 젊음임

뉴욕 광고페스티벌 파이널리스트 5에 들었다.

태안 살리기 프로젝트를 토대로 제작한 뉴욕페스티벌 출품작

을 확신하니까 말이다.

그 일을 계기로 나는 더욱 자신감을 갖게 되었고, 칸 국제광고제 출전을 향한 여정을 본격적으로 준비하기 시작했다.

칸 국제광고제란?

1953년 창설되어 2010년 57회째를 맞이한 칸 국제광고제는 창설 당시 극장용 광고 중심으로 개최되었다가 점차 TV 매체의 발달로 TV CM의 세계적인 광고 페스티벌로 클리오CLIO광고제와 더불어 세계 광고제의 양대산맥을 구축해 왔다. 최근 들어서는 출품작 수, 참관단 규모에서 클리오광고제를 압도적으로 앞서 세계 최고의 광고제로 자리잡았다.

해마다 6월 셋째주, 남프랑스의 세계적인 휴양지 칸에 모인 전세계 광고인들의 크리에이티브 중 예심과 본선을 거쳐 그랑프리 및 금, 은, 동사자상 등을 선정하는데 필름 분야 151편, 인쇄 및 옥외의 경우는 280편이 수상의 영예를 안는다. 최근 급격한 매체 변화와 함께 경쟁부문은 해마다 분리, 신설되어 2008년은 필름TV, 인쇄지면, 옥외Outdoor, 다이렉트DM, 미디어매체기획, 사이버인터넷, 라디오, 프로모션Sales promotion, 티타늄 및 통합캠페인, 디자인의 10개 분야와 특별상부문에서 심사 및 수상이 이루어진다. 2008년도의 경우 전체 출품 규모는 필름 4,447편, 인쇄 7,442편, 옥외 5,842편, 사이버 2,757편, 미디어 1,697편, 다이렉트 1,697편, 라디오 1,259편 등 총 25,660편으로 작년보다 10.2% 증가했고 한국 출품작은 8개 부문 292편으로 집계되었다.

이와 함께 일주일간의 광고제 기간 동안 칸 영화제 '레드카펫'으로 유명한 '팔레 데 페스티발Palais des Festivals' 극장에서는 첨단 광고기법, 트렌드, 크리에이티브 전략 등을 논의하는 세미나, 워크샵, 아카데미 등 다양한 프로그램도 함께 열린다. 한편 밤이 되면 화려한 불꽃놀이, 비치파티 등이 남프랑스의 해변을 수놓으며 흥겨운 비즈니스 미팅들이 열린다. 2007년 85개국 만여 명의 참관단이 참석했으며 한국에선 광고대행사, 프로덕션, 기업홍보팀, 매체광고국, 공사기관 등 주요 광고인들이 해마다 150여 명 이상 참가한다.

첨단 마케팅의 경연장이자 광고 올림픽인 칸 광고제는 세계 최고의 광고대행사와 광고주 모두가 참여하는 비즈니스 네트워크의 장이며 칸에서의 수상은 이들에게 자신의 크리에이티브 능력을 확실히 알릴 수 있는 기회이기도 하다.

〈국내 수상 현황〉

1990년	필름	동상	오리콤	동원산업 PR '바다가 좋다'
1991년	필름	은상	제일기획	공익광고 '음주운전'
1992년	필름	동상	제일기획	노란피죤 '자동차'편
1997년	프레스&포스터	금상	제일기획	삼성전자 와이드 TV
1998년	필름	은상	웰콤	대우자동차 레간자
2002년	사이버	은상	올엠	영화 '취화선' 홈페이지
2002년	필름	은상	레오버넷	맥도날드 '버스에서'
2003년	미디어		TBWA 코리아	'스피드 011-붉은악마' 캠페인
2003년	인쇄 및 옥외	은상	LG AD	나이키 '월드컵' 캠페인
2004년	사이버	금상	포스트비쥬얼	영화 '4인용 식탁' 홈페이지
2005년	사이버	금상	D.O.E.S	영화 '달콤한 인생' 홈페이지
2007년	옥외	은상	농심기획	추파춥스
2008년	옥외	동상	제일기획	홈플러스
2008년	YLC 사이버	은상	신석진(제일기획), 최중식(한림대)	유니세프 '1 $ Drink'

출처 : 칸 광고제 한국사무국

드디어 칸으로 떠나다

2008년 12월, AK 홍대리와 인터뷰를 하는 영광을 얻었다. AK 홍대리는 애경 홍보 대표 리포터의 약자로, MSP처럼 애경그룹에서 진행하는 대학생 활동 프로그램이었다. 당시 AK 홍대리로 열심히 활동을 하고 있는 대학생들이 대화를 잘 이끌어주어 편하게 인터뷰를 했던 기억이 나는데, 인터뷰 중 이런 질문을 받았다.

"광고를 만들면서 자신의 이런 점이 도움이 되었다 싶은 것은 무엇인가요?"

그때 난 팀워크라고 대답했다. 자기 의견이 무조건 옳다고 생각하거나 우선시하는 자세보다 전체를 아우를 수 있는 융통성이 더 중요하기 때문이다. 그래서 내 의견과 다른 사람들의 의견이 다를 때, 어떻게 하면 이를 조화롭게 융화할 수 있을지 고민하는 편이다. 그동안의 경험을 통해서 광고는 절대로 혼자서 만들 수 없음을 알게 되었기 때문이다.

팀워크의 중요성을 다시 한 번 깨닫게 된 것은 석진 형과 칸에 갈 준비를 하면서였다. 칸 광고제에 간다는 사실은 무척이나 가슴을 떨리게 만들었지만, 사실 마음껏 기쁨을 누릴 만큼의 여유는 없었다. 일정을 계산해 보니, 만약 칸에 도착하면 시간은 늦은 저녁이 될 것이며 숙소에서 짐을 풀고 취침을 하게 되면 그 다음날부터 바로 경진이 시작되기 때문이었다.

때문에 주제를 완벽하게 예상하는 것은 불가능하지만, 그래도 우리는 출국 전부터 틈틈이 나올 수 있는 주제들을 예상해 보고, 실제로 아이디어를 짜서 만들어보는 연습을 했다.

역대 발표된 주제를 분석해 보니, '공익' 성격을 띠는 것들이 대부분이기 때문에, 그린피스나 유니세프와 같이 국제적인 공익단체들이 어떤 활동을 하고 있는지부터 미리 공부해 나갔다. 이러한 연습은 비행기 안에서도, 심지어는 칸에 도착하고 나서도 첫날 저녁까지 계속되었다. 이런 연습과 교감을 통해 만난 지 얼마 안 되었던 석진 형과의 팀워크가 향상될 수 있었다.

석진 형과 나는 칸으로 출발하기 전날 인사동에서 산 '내 사랑 내 겨레'라고 쓰여진 티셔츠를 함께 입었다. 한국대표로서 자부심과

긍지를 보여주기 위해서였다. 그리고 칸 국제광고제가 열리는 장소인 팔레 데 페스티발로 향했다. 이곳은 이름 그대로 하루 종일 '축제가 열리는 궁전'이었다. 세계적인 칸 영화제도 이곳에서 열리며, 1년 내내 온갖 행사와 축제 등으로 스케줄이 꽉 차 있다고 한다. 영화인들이 칸의 레드카펫을 밟아보는 걸 평생의 꿈으로 간직하듯이 광고인들도 칸의 레드카펫을 한 번쯤 밟아봐야 하지 않을까 하는 생각에, 석진 형과 난 팔레 데 페스티발 앞에서 신나게 기념촬영을 했다.

그리고 안으로 들어서자마자, 바로 안쪽에 보이는 등록 데스크로 향했다. 간단하게 본인 확인과 증명사진 촬영을 마치고 나니, 묵직

팔레 데 페스티발 앞에서 포즈를 취하다.

칸 국제광고제에서 받은 ID카드

한 가방을 하나 건네 받았다. 그 안에는 각종 팸플릿 및 티셔츠, 그리고 파티에 입장할 수 있는 티켓이 들어 있었다. 마지막으로 우리의 출입증이 될 ID카드를 받으니 그제야 칸 국제광고제에 왔음을 실감할 수 있었다. ID카드에는 우리의 사진과 함께 'Young Lions'가 크게 새겨져 있었다.

어느 정도 안을 돌아본 후 우리는 주제가 발표되는 장소로 이동했다. 이곳에는 다양한 나라의 'Young Lions'들이 자기 나라를 대표하여 자리하고 있었다. 그리고 그들 사이에 앉아 있는 나 자신을 확인하며, 새삼 이매진컵의 '3KC Returns'가 생각났다. 그 태국 친구들도 이처럼 떨렸던 것이었을까.

"여기까지 온 것만 해도 여러분은 승자인 것이다. 이 순간만큼은, 마음껏 즐겨라."

칸 광고제 주제가 발표되던 순간

본격적인 주제 발표에 앞서, 사회자가 말해 준 격려는 많은 Young Lions들의 환호성을 자아내게 했다.

그리고 발표된 주제는 유니세프의 'Tap Project.' 물 부족에 시달리는 개발도상국 어린이들에게 1달러를 기부하자는 공익 캠페인이었다. 좀 더 자세히 설명하자면, 전 세계 어린이들에게 깨끗한 식수를 제공하기 위해 2006년 유니세프가 시작한 프로젝트로 세계 물의 날3월 22일을 맞아 레스토랑에서 평소 무료로 제공하는 식수 한 잔에 1달러의 기부금을 책정하고, 음식을 계산할 때 자동으로 청구가 되도록 하는 시스템이다. 결국 손님들은 음식 값을 계산하면서 자연스럽게 1달러를 기부하게 되는 것이다. 참고로, 미국과 캐나다에서 큰 성공을 거둔 이 프로젝트로 유니세프는 수십만 명의 어린이들에게 안전한 식수를 제공하고 있다고 한다.

이 주제를 듣고 놀라움을 감출 수 없었다. 유니세프의 주제는 우리가 그토록 조사했던 예상 주제 중 하나였기 때문이었다. 석진 형과 사전에 한 노력이 빛을 발한 것 같았다. 하지만 유니세프가 하는 일 중에 'Tap Project'는 예상하지 못했기 때문에 결국 스타트는 다른 팀들과 마찬가지였다. 머릿속이 조금씩 복잡해지기 시작했다.

주제 발표가 끝나니 저녁 7시에 가까워졌다. 작업을 할 수 있는 대회 부스장은 다음날 아침부터 열리기 때문에 그전까지 밤을 새서라도 아이디어를 만들어야 한다. 아직 시간이 많이 남았지만 조급해지는 것은 어쩔 수 없는 것일까.

그렇게 밖으로 나왔을 때, 유독 눈에 띄는 것이 있었는데, 그것은 칸 광고제의 상징인 황금 사자상과 유명 크리에이터들의 미니어처

황금 사자상과 유명 크리에이터들의 미니어처

였다. 유리관 속에 있는 사자상과 미니어처들을 한동안 바라보며, 다시 힘을 내기로 했다. 여기까지 왔는데 사자 한 번 만져봐야 하지 않겠는가. 지금까지 온 것도 물론 내 인생에 두고두고 남을 기적 같은 일이지만, 나는 더욱 큰 꿈을 품고 싶었다.

그리고 밖으로 나가는 길에 한 부스에서 주스를 나누어 주었는데, 센스 있게 'Creative Juice'라고 써 있었다.

행사장에서 받은 크리에이티브 주스

'그래, 이거 마시고 좋은 아이디어 만들어야지!'

이런 생각을 하며 우리는 본격적인 경진을 위해 저녁식사로 샌드위치를 하나씩 들고 숙소로 돌아가 아이디어 짤 준비를 시작했다.

칸에서의 긴박한 시간들

많은 시간 동안 회의를 통해 우리가 끝까지 가지고 가야 할 것은 Simple, Powerful, Solution, 이 세 가지라고 판단했다. 너무 욕심내지 않고 쉽게 접근하기, 하지만 메시지는 강력하고 정확한 해결책을 제시할 것. 그것이 칸이 우리에게 요구하는 커뮤니케이션 해법이라고 생각했다.

심플, 파워풀, 솔루션! 간단하면서도 힘이 있어야 하고, 해결 방안을 제시해야 한다는 대원칙이었다. 호텔방에 키워드가 적힌 카드를 붙여놓고 옆에는 'Gold Winner 금메달은 나의 것' 라는 카드를 하나 더 붙였다.

정보의 수집이 제한되어 있는 상황에서 우리가 가져가야 할 키포

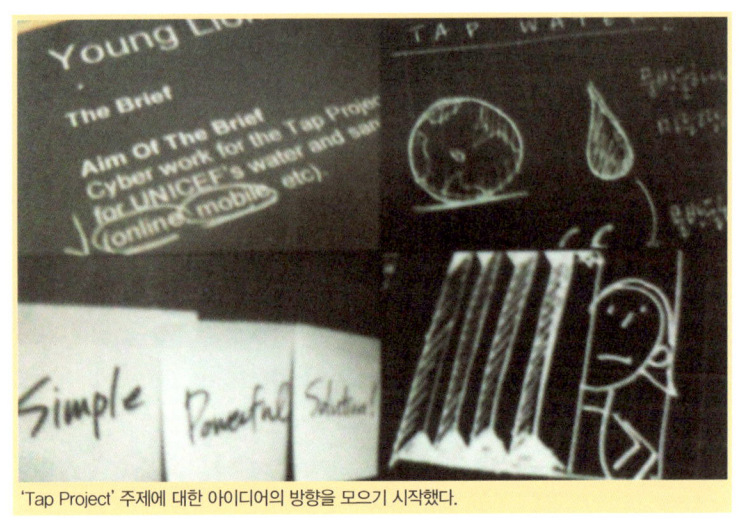
'Tap Project' 주제에 대한 아이디어의 방향을 모으기 시작했다.

인트는 브리프에 있다고 판단, 브리프에서 '물을 먹고 지불한 1달러는, 40명의 어린이들이 하루 동안 신선한 물을 제공받을 수 있게 한다'는 내용에 주목했다. 이 부분이야말로 Tap Project 자체를 가장 효과적으로 정의내릴 수 있는 문장이라 생각했고, 이를 우리의 Creative로 전달해 보기로 했다. 그렇게 아이디어의 방향을 정하고 어떻게 표현할지 고민하기 시작했다.

시간이 어느 정도 흘렀을까……. 졸음이 쏟아지고 있었다. 시차 적응이 안 된데다, 온몸의 근육이 경직된 것 같았다.

"한 시간만 자자."

그렇게 우리는 합의를 하고 알람시계를 맞춰 놓고 잠이 들었다.

그런데 일어나니 밤 12시. 이런! 1분 1초도 아까워해야 할 상황에 두 시간이나 후딱 지나가버렸다. 호텔방에 있으면 잠이 올 것 같아 로비로 나갔다. 인터넷 환경이 좋은 곳은 한국만한 곳이 없는 것 같다. 칸에 오니, 인터넷을 마음대로 접속하기가 어려워서 자료 조사가 매우 힘들었다. 그나마 묵었던 호텔 로비에서 무선 인터넷이 미약하게 잡혔으니 망정이지 정말 더 큰 고생을 할 뻔했다. 어찌되었건 밤을 지새우며 어렵게 인터넷을 하던 중, 만취 상태의 한 브라질인이 "YLC 참가자 맞냐?"며 우리에게 말을 걸어왔다. 그는 놀랍게도 작년 영 라이온스 사이버 부문 Gold Winner라고 자신을 소개하며, 1위의 자격으로 금년 칸에 초청이 되어 왔다고 했다.

이럴 수가, 작년 우승자와 같은 호텔에 묵고 있었다니!

내심 기대하며 "당신의 노하우를 가르쳐달라"고 물었지만, 순간 그는 슬며시 어디론가 사라져버렸다. 어쨌든 좋은 기운을 받았다고 긍정적으로 생각하며 우리는 밤새도록 열띤 아이디어 회의에 몰입했다.

다음날 오전 6시, 아침도 먹는 둥 마는 둥 대회 부스로 향했다. 우리 팀 바로 옆자리가 일본 팀이었는데, 이들이 열심히 작업하는 모습이 유난히 눈에 띄었다. 다른 나라도 아니고 일본팀이 저렇게 열심히 하는 걸 보니 왠지 질 수 없다는 오기가 생겼다. 일단 우리도 부스에 주어진 컴퓨터로 작업을 시작했다. 그런데 일단 제작에 착수하자 점차 아이디어에 자신이 없어지기 시작했다. '심플, 솔루션'은 충족됐지만 '파워풀'하지 않은 것 같았다. 피곤하고 힘이 빠졌다. 그때 석진 형이 이렇게 말했다.

"중식아, 중요한 건 우리의 생각이야. 심사위원들의 의도와 기대에서 벗어나지는 않되, 자신감을 가지고 최선을 다하자."

이 한마디가 마법의 주문이 되어 우리는 정신을 재정비하고 다시 작업에 매달렸다. 점심도 먹히질 않았다.

그러다 오후 4시, 최악의 상황이 발생했다. 플래시 부문에서 버그가 생긴 것. 플래시가 주 소프트웨어이기 때문에 이 부분에 버그

부스에 주어진 컴퓨터로 작업하고 있는 석진 형

가 생기면 치명타다. 두 시간이 넘게 매달려 보았지만 좀처럼 해결되지 않았다. 눈앞이 캄캄해지고 진땀이 났다. 하지만 이런 어처구니없는 버그 때문에 경진을 망칠 수는 없는 일. 무조건 할 수 있는 방법은 다 해보자는 생각에 이것저것 만져보았는데, 하늘이 도와주셨는지 우연히 버그가 해결됐다. 시계를 보니 7시, 마감 한 시간 전이다. 이제는 완성도에 주력하기보다는 제출에 의미를 두고 작업을 완료해야 했다.

우리의 최종 완성작 '$1 Drink'

8시 1분, 드디어 끝났다. 온몸의 맥이 탁 풀렸다. 심사위원이 다 됐냐며 다가왔다. 우리의 작업을 보더니 엄지손가락을 치켜들어 보이는 심사위원의 반응에 기분이 반전됐다.

그렇게 24시간 동안 우리가 만들었던 광고의 내용은 이러하다.

한 여자가 매우 시원하게, 때로는 섹시해 보일 정도의 포즈로 컵에 든 물을 마시려 하고 있다. 그리고 카피는 '$1 Drink.' 마치 에비앙의 새로운 광고처럼 보일 정도로 상업적인 분위기를 풍기는 장면으로 광고는 시작된다. 그리고 옆에는 매킨토시 사용자들이라면 매우 익숙한 아쿠아 스타일의 스크롤바가 눈에 띈다.

만약 사용자가 스크롤바를 내리기 시작하면 광고에서 보여지는 숫자 1은 이에 맞추어 올라가기 시작한다. 그리고 카지노의 룰렛이 올라가는 것처럼, 물 컵을 든 손을 제외한 여자의 얼굴이 위로 올라가기 시작하고 그 밑에 물 부족 국가의 아이들 얼굴이 올라오기 시작한다. 스크롤바가 아래로 끝까지 갔을 때 40까지 올라간 숫자 옆에 새로운 카피가 뜨고, '40 Children Drink'라는 메시지로 바뀌게 된다. 너무 요염하고, 이기적으로 보이기까지 했던 여자의 손은 아이들에게 물을 먹여주는 고마운 손으로 바뀌게 되는 것이다.

마지막 순간까지 긴장을 놓칠 수 없었던 경진을 겨우 마치고, 다시 숙소로 돌아가자마자 우리는 파김치가 되어 쓰러졌다.

갈라파티 시간까지는 약 두 시간 정도 남았다. 일생에 한 번 갈까 말까 한 칸 국제광고제의 갈라파티라 꼭 참석하고 싶었는데 문제는 갑자기 몰려온 피로였다. 하긴, 칸에 도착한 이후로 경진이 끝나는 순간까지 거의 잠을 못 잤으니 그럴 만도 했다.

"두 시간만 자고 일어나서 갈라파티에 가자!"

그렇게 우리는 합의를 하고 알람을 맞췄다. 하지만 일어나보니 다음날 아침이 아닌가! 갈라파티는 이미 저 멀리 날아간 지 오래였다. 이런!

우리 생애 최고의 순간

항상 작품을 완성할 때 '출산을 했다'라고 습관적으로 말한다. 배 대신 머리로, 쉬지 않고 쥐어짜며 탄생한 아이디어이기 때문이다. 그만큼 고생을 하며 만들어진 작품은 마치 친자식처럼 소중하다는 말이다. 하지만 앞서는 것이 의욕이었기에, 늘 가슴 한 구석에 아쉬움이 남는 것은 어쩔 수 없는 것일까? 이번에는 칸이었기에 작업 후의 허탈감이 크게 밀려왔다.

하지만 다음날, 놀라운 발표가 허탈감을 순식간에 날려버렸다.

"The Silver winner is…… Korea!"

우리의 판단이 적중하는 순간이었다. Gold winner는 아니었지만 한국 최초이자, 아시아에서는 세 번째로 받은 영 라이온스 수상이

칸 광고제에서 은상을 수상하던 감격적인 순간!

었다.

정말 뛸듯이 기뻤다. 처음 들었을 땐 너무 얼떨떨해서 결과 발표 후에도 정말 우리가 탄 게 맞느냐며 스태프들에게 다시 한 번 물어볼 정도였다.

사용자의 간단한 인터랙션을 통해 1달러의 기적이 얼마나 의미가 있는 것인지 알리고, 이를 참여하도록 유도하는 것만으로도 우리의 광고는 단순한 메시지 전달을 넘어 사용자와 대화를 할 수 있는 조그만 창구가 되었다고 생각했다. 결국 칸은 우리의 생각에 친절한 대답을 보내온 것이다.

하지만 무엇보다 석진 형이라는 좋은 파트너를 만나게 되어서 여

칸 광고제에서 받은 메달

기까지 올 수 있었던 것이다. 개인적으로 이번 기회를 통해 광고란 소통이고, 혼자서는 좋은 광고를 만들어낼 수 없다는 진리를 다시 한 번 깨닫게 되었다. 그리고 어떠한 도전에도 할 수 있다는 자신감을 가질 수 있게 되었다. 앞으로도 많은 한국의 팀들이 계속해서 더 좋은 결과를 이루어 한국의 크리에이티브를 세계에 알려주었으면 좋겠다는 바람이다.

실력과 아이디어로
학벌의 벽을 넘어라

영 라이온스 심사 발표가 끝나고 석진 형과 나는 오히려 경진하기 전보다 더욱 바빠졌다. 한국 쪽에서 기사를 싣기 위해 연락이 왔지만, 영 라이온스란 부문에서 수상을 한 경우는 국내에서도 처음이기 때문에 대부분이 생소하게 느끼고 있었다. 때문에 이게 어떤 분야인지, 그리고 어떻게 수상을 했는지 자세히 설명해야 할 일들이 많았다. 우리는 수상자이면서 동시에 영 라이온스 부문을 한국에 알리는 전도사가 되어야만 했다.

하지만 타지에서 영 라이온스에 관한 내용을 정리하는 것은 여간 어려운 일이 아니었다. 누구에게 관련 자료를 요청할지도 잘 모르겠고, 인터넷 환경도 좋은 편이 아니었기 때문이다.

그때 KOBACO의 송은아 기자님이 많은 도움을 주셨다. 칸 광고제 특집기사를 작성하기 위해 직접 칸 광고제 현장으로 오신 송은아 기자님은 바쁜 시간을 쪼개서 우리에게 필요한 정보들을 함께 찾아주셨고, 덕분에 우리는 영 라이온스를 누구에게라도 잘 설명할 수 있을 만큼 정리가 되었다.

그 후 따로 일정을 잡아 송은아 기자님과 현지에서 인터뷰를 했는데, 질문을 받기 전에 전혀 예상하지 못했던 이야길 듣게 되었다.

"표문송 국장님 블로그에 자주 찾아가는데, 거기서 처음 중식 씨에 대해 알게 되었어요. 이렇게 만나게 되어서 반갑기도 하고, 결과가 좋아 정말 다행이라는 생각이 들어요."

누군가와 이렇게 인연이 될 수 있다는 것은 얼마나 반가운 일일까. 덕분에 나는 망설임 없이 솔직하게 진심을 털어놓을 수 있었다.

"앞으로도 정말 원하는 일 다 이루셨으면 좋겠어요."

인터뷰가 끝나고 받은 격려의 한마디에서 사람 냄새를 느낄 수 있었고, 그래서 더욱 힘을 낼 수 있었다. 한국으로 돌아온 얼마 뒤에 집으로 소포가 하나 도착했다. 그것은 송은아 기자님이 작성한 기사가 실린 잡지였다.

칸 국제광고제 영 라이온스 사이버 경쟁부문에서 한림대학교의 최중식 씨와 제일기획의 신석진 씨가 은상을 수상한 것은 물론 경사스러운 일이다. 그러나 그 '경사스러운 일'은 그저 경사스럽기만 한 것이 아니라, 한국 광고계의 좌절과 실패, 성공과 미래가 함축된 상징적인 사건이다. 이야기는 최중식 씨로부터 시작한다. 원래 최중식 씨는 공학도였다.

그런데, 군대 말년에 인터넷에서 우연히 2005년 칸 국제광고제에서 금상을 수상한 공익광고를 봤는데, 1분도 안 되는 시간에 사람의 마음을 움직이고 행동을 변화시키는 광고에 그만 매료되어 버렸다. 제대하자마자 광고홍보학으로 전공을 바꾸고 광고 공부를 시작했지만, 광고가 그를 환영해 주기만 한 것은 아니었다.

먼저 군인도 응모 가능하다는 확인을 받고 공모전에 제출해 수상권에 들었던 광고 작품이 '군인'이라는 이유로 취소되었다. 이후 방학때 인턴생활을 했던 한 대형 광고회사로부터는 '네가 다른 인턴과 다르게 기획에도 참여하고 열심히 잘하는 건 좋은데, 학벌이 너무 좋지 않으니 공모전에 응모하기보다 편입을 하는 게 어떻겠느냐?'는 말을 들어야 했다.

가장 큰 좌절은 지난 10월 찾아왔다. 조선일보 광고대상 신인창작광고 부문에 동아리 사람들과 함께 응모해 금상을 받았던 작품이 표절이라는 이유로 수상이 취소된 것이다. 정말 본 적도 없는 광고였지만 완전히 동일한 컨셉트 앞에서 항변을 해봐야 먹히지 않을 것 같았다. "그때 너무 속상해서 오랫동안 방황을 했어요. KOBACO 광고대회에서 대상을 받으면서 겨우 절망을 떨쳐낼 수 있었죠."

'젊음'을 주제로 한 KOBACO 광고대회 본선에서 그는 자신의 꿈을 박스에 써 넣으면 그 꿈이 땅에 떨어져 커다랗고 화려한 나무로 자라나는 과정을 보여주는 작품으로 대상을 받고, 영 라이온스 사이버 경쟁부문 한국 대표가 됐다.

국가별로 2명씩 참가하게 되어 있는 영 라이온스 경쟁부문 규정에 따라, 칸 국제광고제 한국사무국은 제일기획으로부터 신석진 씨를 추천받아 최중식 씨와 팀을 이루게 했다. 이들은 칸에 오기 전부터 만나 팀워크를 다지며 광고제를 준비했다. 틈틈이 최중식 씨가 제일기획으로 신석진 씨를 찾아왔고, 둘은 영 라이온스 경쟁부문의 주제로부터 사이버 광고제작 툴 사용법까지 여러 가지를 익히고 점검했다. 그렇게 온 칸이었다.

"유니세프가 주제로 나올 거라고는 이미 예상했었어요. 그래서 브리프 때 유니세프라는 소리를 처음에 듣곤 막 좋아하다가, 수돗물 프로젝트라길래 앗, 쉽지 않겠다. 당황했었죠(웃음). 그래도 유니세프를 주제로 먼저 생각했으니까 다른 사람들보단 덜 당황하면서 할 수 있었어요."

작업을 시작하면서 이들은 컴퓨터 앞에 '심플, 파워풀, 솔루션'을 적어 붙여놓고 자신들의 아이디어가 이 세 단어와 부합하는지 계속 점검했다고 한다.

"여기에 오기 전부터, 상 타는 광고란 뭘까, 칸의 스타일은 또 뭘까 고민했어요. 그랬더니 이 세 가지 단어가 키워드더라고요. 그래서 아이디어를 낼 때마다 자문했어요. 이 아이디어 심플해? 파워풀해? 솔루션은 있어? 하고요."

레스토랑에서 수돗물을 공짜로 마시는 대신 1달러를 기부하면 한 명의 아이가 40일 동안, 혹은 40명의 아이가 하루 동안 마실 수 있는 물을 공급할 수 있다는 수돗물 프로젝트. 이 프로젝트에 사람들의 관심을 끌고 기부를 유도하기 위해 이들이 택한 '심플하고도 파워풀한 솔루션'은 바로 1달러가 할 수 있는 일을 보여주는 것이었다.

물을 마시고 있는 여자의 모습과 '1$ Drink'라는 카피가 보이는 비주얼은 스크롤이 밑으로 내려가면서 아이들이 물을 마시는 장면과 '40 Children Drink'로 바뀐다. 이들은 스크롤이 맨 밑에 내려갔을 때 물컵에 빠지는 것으로 연출하는 등 사람들이 유심히 보지 않을 것 같은 디테일에도 세심하게 신경을 썼다. 이렇게 작품을 만들어놓고도 '너무 심플한 것 아닐까, 파워풀한 면은 좀 약한 게 아닐까' 고민했다고. 결국 이들은 은상을 수상했고 이 작품보다 더 심플했던 브라질 팀은 금상을 수상했다.

그때서야 자신의 방향이 맞았음을 확신했단다. 학벌의 벽, 표절 의혹 등으로 수많은 좌절을 경험한 탓에 '내가 꼭 광고업계에서 일할 필요가 있을까. 게임이나 인터넷 업계처럼 학벌과 상관없이 실력만으로 인정받는 곳에서도 내가 좋아하는 일을 할 수 있지 않을까' 생각했던 최중식 씨는, 이번 수상으로 다시 한 번 광고계 입성의 꿈을 꾸게 되었다. 말 한 마디 없어도 사람을 웃기는 '핑크 팬더' 만화를 칸에서 보며, 아이디어란 저런 거로구나를 느꼈다는 신석진 씨는 미디어를 넘나들며 소비자와 '상호작용interaction'하는 아이디어를 내는 인터랙티브 디렉터를 꿈꾼다.

학벌의 벽을 실력으로 넘고 문화의 장막을 아이디어로 찢으며 칸 국제광고제에서 한국의 젊은 광고인들이 당당히 2등의 자리에 오른 이 '사건'은 한국 광고계가 버려야 할 것은 무엇인지, 가져가야 할 것은 무엇인지 가르쳐준다. 그렇게 상징적이고 교훈적인 일이었다. 이번 수상은.

-『광고정보』 2008년 7월호 / 글 송은아 기자

그래도 당신은 프로다

누구나 자신의 일에 프로가 되어야 한다. 적어도 마음만큼은 프로라는 생각으로 임해야 그만큼 적극적이고 긍정적으로 변화될 수 있다. 프로의 마인드를 가져야 한다는 생각을 확고히 할 수 있었던 것은 제일기획에서 인턴을 하면서부터였다. 제일기획 안에서는 '사장', '사원' 등의 직책보다 '프로'라는 호칭을 쓰는데, 이는 광고라는 분야에서 각자가 전문가라는 인식을 공유하는 사내 분위기가 잘 조성되어 있기 때문이라고 한다. 물론 제일기획의 사장님도 '김낙회 사장님'보다는 '김낙회 프로님'으로 불리는 것도 직접 보았다. 그렇게 회사 내에서 서로를 프로로서 대우해 주는 것이 제일 인상 깊었다.

그러던 어느 날, 제일기획 공채 포스터를 만들라는 요청이 들어왔다. 카피는 내가 담당하고 아트는 석진 형이 담당하게 되었다. 석진 형과는 칸 광고제 출전 이후 두 번째로 함께하는 작업이 되는 셈이었다. 또다시 두근거림을 느끼며 제작에 관련된 사전 오리엔테이션을 가졌다. 의외였던 것은 광고 지망생들이 아니라, 광고의 '광'자도 모르는 사람들을 위한 포스터를 만들어달라는 요청이었다. 사실 제일기획은 Advertising Company가 아닌, IDEA Company로 어필하고 싶어했다. 그만큼 광고를 공부하지 않은 사람이라도 아이디어만 있다면 충분히 도전할 수 있고, 다양한 사람들과 통섭할 수 있는 회사임을 보여주어야 했다.

"신석진 프로와 최중식 프로! 두 프로가 만드는 좋은 결과물을 기대하고 있겠습니다."

인턴이었던 나한테도 '최 프로' 또는 '최중식 프로'라고 불러주는 회사를 보니 자연스럽게 책임감을 갖게 되는 것이었다.

아이디어를 가진 사람은 자신의 아이디어에 확신을 가진다. 눈빛만 봐도 알 수 있다. 이를 착시현상을 이용한 그래픽으로 재미있게 전달하려 한 것이 우리의 의도였다. 사실 옵티컬 아트눈의 착각에 의해서 시각적 심리반응을 일으키는 그림를 이용하는 것에는 부정적인 반응이 혹시라도 일어나지 않을까 고민도 많이 했다. 하지만 이를 통해 전문 지식은 없더라도 IDEA라는 가능성을 가진 누구에게나 문을 열고 있는 제일기획과의 교집합을 이끌어낼 수 있을 것만 같았다. 분명 신

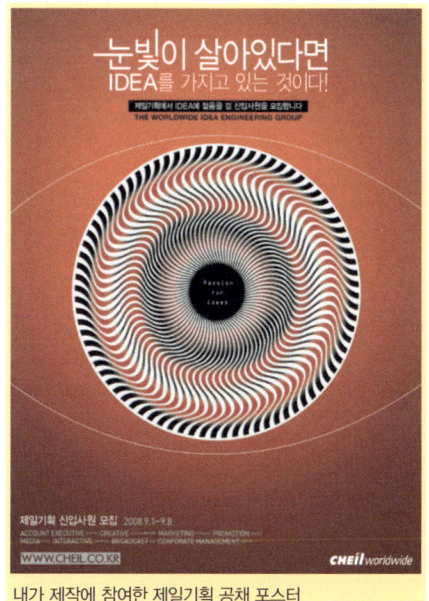

내가 제작에 참여한 제일기획 공채 포스터

선한 자극이 되리라 확신하여 강행을 했고, 결국 내부적으로도 좋은 반응을 얻었다.

단순히 호칭만 '프로'라고 바뀐 것뿐이었는데, 석진 형과 포스터 작업을 하면서 마음만큼은 정말 프로의 자세로 임할 수 있었다. 그리고 인턴을 하면서 뵙게 된 한 분 한 분이 정말 프로로서 광고를 사랑하고 있다는 것, 그만큼 에너지가 넘치는 생활을 하고 있다는 걸 느낄 수 있었다. 이렇게 열정적이고 서로를 존중해 주는 곳에서 광고 일을 하면 인생이 정말 행복할 것만 같았다.

그런 마음에는 칸 광고제에서 느꼈던 '우리나라 광고의 발전 가능성'에 대한 자긍심도 한몫 했다. 앞으로 우리나라 광고의 수준은 세계에 견줄 정도로 성장해 나갈 것이고, 그 원대한 꿈의 성장과정에 동참하고 싶은 포부가 차올랐기 때문이다.

인턴이 끝나는 마지막 날, 많은 것을 가르쳐준 선배님들에게 감사의 뜻으로 여권을 만들어드렸다. 그 여권은 실제로 비행기에서 쓸 수 있는 것이 아니라 광고인들을 위한 일종의 부적이었다.

그래서 여권 안쪽에는 이렇게 썼다.

"광고인들의 필수품! 사람들의 마음속으로 들어갈 수 있는 여권."

그리고 새로이 장전된 나만의 '꿈'을 이루기 위해, 인턴이 끝나는 시점에서 주저하지 않고 제일기획에 입사 지원을 했다.

용기만 가져가라

면접에서 필요한 준비물은 용기인 것 같다. 면접관은 나에 대해 잘 모르고, 난 이들에게 10분도 안 되는 면접 시간 동안 내가 얼마나 준비되어 있는지를 어필해야 하기 때문이다.

입사를 준비하는 동안 제일 기억에 남는 것은 임원 면접이다. 아무래도 가장 마지막 단계이니 만큼 좀처럼 긴장을 풀기 어려웠다. 하지만 여기서 위축되는 모습을 보여서는 안 된다는 생각이 들었고, 질문에 대해서도 어렵게 생각하지 말고 있는 그대로 소신껏 나가자고 스스로 주문을 걸었다. 그리고 침착하게 들어오는 질문에 답을 해나가기 시작했다.

"칸 국제광고제에 우리 회사 신석진 사원과 나가서 상을 탔죠?"

"네."

"그곳에서 얻은 것은 뭔가요?"

"광고를 할 수 있다는 자신감이 많이 생겼습니다. 저는 처음 광고를 시작했을 때부터 난관이 많았습니다. 공대 출신이었던 것에서 학벌에 대한 벽까지. 그래서 주변에서 너는 광고를 할 수 없겠다는 얘기를 많이 들었습니다. 그런데 칸을 갔다 와서 이젠 정말로 광고를 할 수 있겠다는 생각이 들었습니다."

"성공하는 사람과 실패하는 사람의 차이는 뭐라고 생각하나요?"

"사람은 누구나 실수나 좌절을 하지만 그것을 긍정적으로 수용하는 사람은 성공하고, 실패로만 보고 자신은 안 된다고 생각하고 좌절하는 사람은 끝내 실패한다고 생각합니다."

"존경하는 인물은 누구입니까?"

"포스트 비주얼사의 설은아 대표입니다. 인터랙티브라는 개념을 우리나라에 적극적으로 도입해 발전시키고 공헌한 분이라고 생각합니다."

"설은아 씨를 만나려고 노력한 적은 없나요?"

"만나고 싶은데 계기가 없어 고민하다 학생 때 학교 과제를 핑계로 인터뷰하려고 메일을 보냈으나 정중히 거절당했습니다."

이때까지는 문제없어 보이는 듯했다. 하지만 대답이 끝나자마자 바로 이런 질문이 들어오는 것이었다.

"최중식 씨는 설은아 씨 회사에 가는 게 더 어울리는 거 같은데?"

그제야 내가 뭔가 번지수 틀린 대답을 한 게 아닌가 하는 초조함이 들었다.

"설은아 씨 회사에 들어가서 같이 작업하는 것도 좋겠지만, 저는 누구랑 작업하는가보다 제가 어떤 일을 하느냐가 더 중요합니다. 저는 인터랙티브 광고 캠페인을 해보고 싶습니다. 설은아 씨를 만나려고 했던 이유도 그 때문이었고요."

겨우 고비를 넘긴 것 같아 조금 안도가 되었지만, 면접 내내 끝까지 긴장을 풀긴 이르다고 생각했다.

"마지막으로 할 말 있어요?"

여기서 없다고 하고 그냥 나가면 안 될 것 같다는 기분이 들었다. 순간 예전부터 살짝 궁금했던 부분에 대해 이야기해 보자는 생각이 들었다.

"잡지 같은 데서나 봤던 유명하신 분들을 직접 뵙게 되어 긴장이 많이 됩니다. 사장님께 질문이 있습니다. 사장님은 어떤 계기로 광고를 좋아하게 되셨는지, 그리고 제일기획에는 어떻게 들어오셨는지 궁금합니다."

순간, 싸늘하게 느껴졌던 면접장이 웃음바다가 되었다. 면접 받으러 온 사람이 면접관을 면접하는 상황으로 역전된 것이었다.

처음엔 의도하지 않게 큰 실수라도 한 것 같아 당황했다.

"나중에 혹시 만날 기회가 되면 봅시다. 지금은 면접 대기자가 많아 시간이 없으니"라는 대답을 듣고서야 면접은 끝났다.

그리고 얼마 뒤, 집에 돌아와 보니 한 송이 꽃과 편지가 도착해 있었다. 편지엔 이렇게 쓰여 있었다.

최중식 프로 부모님께

안녕하십니까?
제일기획 대표이사 김낙회입니다.
먼저 최중식 프로가 어려운 관문을 뚫고 제일기획 33기 신입사원으로 선발된 것을 진심으로 축하드립니다.
오늘이 있기까지 매 순간 함께하신 부모님의 '열熱'과 '성誠'에 더 깊은 감사와 축하를 드리고 싶습니다.
바야흐로 '아이디어 시대'라고 합니다.
새롭고 신선한 아이디어를 발굴하고 실현하는 인재가 바로 이 시대가 요구하는 프로 인재상입니다.
저는 대표이사이자, 선배로서 최중식 프로의 아이디어에 대한 열정과 노력이 더 높은 가치로 발현될 수 있도록 물심양면으로 후원하겠습니다. 부모님께서도 변함없는 사랑으로 지켜봐주시고 계속 응원해주시기를 부탁드립니다.

그럼 추운 겨울, 건강에 유의하시기 바랍니다.

2008년 11월

제일기획 CIO Chief Idea Officer

김낙회 드림

24시간은 누구에게나 공평하다

아이디어 내는 것을 업으로 하는 회사에 다니며, 다른 이의 뛰어난 아이디어를 보면서 좌절을 하는 경우가 더 많아지는 것 같다.

2009년 말, 바쁘게 돌아가던 회사생활을 잠시 뒤로하고 일본으로 혼자 여행을 간 적이 있다. 롯본기 힐즈를 걸어가던 중, 타츠오 미야지마의 '카운터 보이드'란 작품을 보게 되었다.

이 작품은 3m20cm 크기의 숫자를 6개 늘어놓은 형태로 이루어져 있으며, 숫자는 9부터 1까지 반복적으로 카운트되는데 점멸하는 속도가 각기 다르다. 이것은 인생의 속도가 사람마다 다른 것을 표현했기 때문이란다. 그래서 실제 카운팅되는 것을 보면 0은 표시되지 않는다. '질투가 날 정도로' 멋진 아이디어들을 발견하게 되면서

타츠오 미야지마의 '카운터 보이드'

덕분에 남은 여행 기간의 컨디션은 그리 좋지 않았던 기억이 난다. 자꾸만 맘속으로 이상한 좌절감이 스며드는 것이었다.

또 인터넷 공모전 카페를 방문하면서도 가끔씩 좌절을 하게 된다. 학생 때부터 공모전 작품들을 매번 챙겨 보던 버릇이 있기 때문에, 지금도 시간이 되면 공모전 수상작 같은 것을 보곤 한다. 그러던 중 유독 한 작품이 내 시선을 사로잡았다. 게다가 이런 멋진 작품을 만드신 분은, 나보다 훨씬 어린 나이에 공모전에도 처음 도전한 것이라고 한다.

"아, 이렇게 좋은 아이디어라니……. 난 왜 저런 것을 생각 못했을까?"

현업광고가 아닌 학생의 공모전 작품에도 어찌할 수 없는 열패감을 한껏 느끼면서 그날 하루는 괜한 자극을 받아 예정에도 없는 야근을 했다. 그렇게 저녁 늦게까지 회사에 있다가 남대문 시장바닥에 널브러진 마른 오징어처럼 흐느적거리며 귀가를 할 때였다. 집으로 달려가는 택시 안에서 기사 아저씨가 이런 말씀을 하시는 거였다.

"이 새벽까지 일하시고 고생이 많으시네요. 세상은 정말 불공평한데, 하나 공평한 게 있다면 매일 주어지는 24시간인 것 같아요."

순간, 가슴을 치는 듯한 울림을 느꼈다. 아, 이 단순한 진리를 왜 이제야 깨달았을까……

하루하루를 치열하게 사는 사람과 흐느적거리며 뒹구는 사람이 어떻게 같을 수 있겠는가. 카운터 보이드를 만들었던 타츠오 미야지마도, 멋진 공모전 작품을 만든 학생도, 모두 열심히 24시간을 활용하며 얻어낸 결과였을 것이다. 결국 우리가 느끼는 세상의 불공평함은, 우리가 공평하게 받는 24시간을 어떻게 활용하느냐에 따라 나오는 것일 텐데 말이다.

그래서 스스로를 일회용 건전지가 아니라, 오랫동안 힘낼 수 있는 충전지라고 생각하기로 했다. 자신이 심취한 부분에 온 힘을 쏟더라도, 그것은 한 번으로 끝나는 것이 아니라 끝까지 계속되어야 하니 말이다. 무릎을 탁! 치게 하는 명쾌한 해답에 정신이 바짝 들면서 내일 하루를 어떻게 보낼지 천천히 생각해 보았다. 그리고 또 다른 인사이트로 나에게 가르침을 전수했던 택시기사 아저씨한테 무한한 땡큐를 날렸다.

비워야 다시 채울 수 있다

카피레프트copyleft라는 말이 있다. 이는 저작권을 뜻하는 카피라이트copyright의 반대 개념을 말한다. 좀 더 자세히 풀어보자면, 어떤 저작물을 개발한 사람이 저작권을 독점하고 이익을 추구하는 것에 반대하여, 원하는 사람이면 누구나 자유롭게 이용하고 창조적으로 활용할 수 있도록 저작물에 대한 권리를 공유하는 것을 말한다는 것이다.

그러고 보면 카피라이터copywriter도 사실은 카피레프터copylefter이다. 한참을 고민해서 나온 지식의 결과물을, 광고라는 미디어를 통해서 모두와 공유하기 때문이다.

당신은 내게 자전거로 시작하는 출근길을
하루 만에 뽀루지 잠재우는 법을
마당이 있는 유치원이 어디 있는지를 알려주었습니다.

나는 답례로 눈물이 나오려 할 때 참는 법과
헤어진 남자친구를 다시 만나는 법과
5분 안에 기분이 좋아지는 음악을 들려주었습니다.

덕분에 세상은 조금 더 자랐습니다.

한 포털의 광고카피는 지식사회에 살고 있는 우리에게 정보의 공유란 것이 얼마나 가치 있는 일인지를 알려준다. 비움은 새로운 배움을 만든다. 내가 가진 것을 밖으로 꺼내려고 노력해야 나 또한 성장할 수 있는 것이다. 애드뷃 활동을 하면서도 우리가 만든 작품을 계속해서 커뮤니티에 올리고, 의견을 받으려 한 것도 같은 이유에서였다.

2009년 가을, 우연히 '아이디어 스쿨'이라는 사내 온라인 강의 프로그램의 컨텐츠를 만들 기회를 갖게 되었다. 입사 동기인 성현 형과 '아이디어에 힘을 실어주는 UCC 만들기'라는 강의 명으로, 성현 형은 프리미어에 대한 파트를 맡았고, 나는 플래시 파트를 맡

내가 제작한 사내 UCC 온라인 강의 프로그램

았다. 플래시에 대해서는 나름 자신 있다고 생각했지만, 막상 누군가에게 내가 알고 있는 플래시의 지식을 효과적으로 알려준다는 것은 쉽지가 않았다.

하지만 노력의 결과물을 누군가와 나눈다는 것은 생각보다 유쾌한 일이었다. 지식의 공유를 통해 잃는 것보다 얻는 것이 더 많아진다는 것을 알고 있기 때문이다. 이 책도 결국 책을 읽고 있는 당신과 나의 정보 공유이다. 내가 아는 것을 털어놓고, 그 빈자리가 또 다른 배움으로 채워지기를 기원한다.

그리고 30대를 향해

'얼마 살지도 않은' 내가 감히 책을 쓰게 되면서, 지금까지 걸어왔던 길을 돌아보니 아직 갈 길이 멀다는 생각만 더욱 강하게 들게 되었다. 그리고 오히려 스스로를 다시 한 번 다잡는 계기가 되었다. 문득, 칸에서 돌아온 직후 들었던 한 교수님의 말씀이 생각난다.

"중식아, 지금 너에게 있어서 그 메달은 양날의 칼이다. 현업에 데뷔를 하기 전에 받은 그 메달은 앞으로 너를 사람들에게 알리고, 신뢰를 줄 수 있는 너만의 좋은 커리어가 될 수 있는 게 사실이야. 하지만 한편으로는 남들보다 더 잘하도록 너에게 압박을 가하는 존재가 될 수 있다. 네가 혹시 현업에 나가서 조금만 실수를 하거나 좋은 아이디어를 못 내고 있을 때, 너이기 때문에 사람들은 '쟤는 칸 광고제까지 다녀왔으면서 이것밖에 못하나?' 하고 생각을 할 수도 있거든. 그러니 앞으로 이를 명심해 가며, 더욱 노력을 해야 한다."

역시 노력뿐이다. 나는 앞으로도 노력의 보람으로 인생을 즐기는 30대를 준비하려고 한다. 20대를 시간 가는 줄 모르고 보내는 중에 깨닫게 된 것은 세상은 지독하게 노력하는 사람들 앞에서는 공평하기 때문에 지금의 열정을 절대 배신하지 않는다는 것이다. 다만 그것을 깨닫기 전까지는 많은 인내심과 노력이 필요하다. 우아하게만 보이는 백조가 실은 물 아래서 끊임없이 발을 움직이며 헤엄쳐 나가고 있듯이 말이다.

그래서 늘 자신을 믿고 한계를 뛰어넘도록 노력을 한다면 충분히 원하는 목표를 성취할 수 있다는 것이 변함없는 나의 신조다. 물론 나 또한 아직 갓 사회초년생의 입장이지만, 그 교훈을 잃지 않고 나간다면 남은 삶이 그래도 보람차지 않을까 생각한다.

혹시나 어려움이 있다면 주저하지 말고 문자나 전화로 요청해 주었으면 좋겠다. 힘이 닿는 곳까지 도와줄 것을 약속한다.

이메일 : utena7@naver.com
핸드폰 : 010-7132-6811

Bonus Posting

광고에 도전하는
후배들을 위한
　　　페이지

광고에 관한
몇 가지 포스팅들

일종의 자기계발 목적을 가진 책을 쓰기 시작하면서 나중에 이 글이 단순히 독자들에게 읽히기만 하는 것은 일방적인 커뮤니케이션이 될 것 같은 기분이 들었다. 무엇인가 조금이나마 인터랙티브하게 진행해 볼 수 없을까? 하는 고민을 해보니 블로그 포스팅이란 개념이 생각났다. 블로그 포스팅이란 것은 단순히 '나'만의 생각이 아니라 읽는 사람과 쓰는 사람 모두가 함께 생각을 공유해 가며 자기계발을 해나갈 수 있는 매력이 있기 때문이다.

　모니터 안에서 마우스로 클릭하며 볼 수밖에 없었던 블로그 포스팅에, 책을 넘기는 향수가 가미되길 바라면서, 그리고 온라인처럼 생각을 주고받을 수 있는 계기가 되길 바라면서 디지털 포스팅을 아날로그화한 챕터를 준비해 보았다.

　예전 마이크로소프트에서 인턴을 할 당시 UXUser Experience, 사용자 경험를 다루는 블로그인 UX FACTORYwww.uxfactory.com에 UX와 광고에 관해 몇 가지 포스팅을 올린 것이 있는데, 이곳에 공개해 볼까 한다. 당시 UX

FACTORY의 에디터로서 UX는 단순히 제품개발에만 사용되는 용어가 아니라, 앞으로 우리의 주변을 이루는 서비스에 중요하게 적용될 것이라는 나름대로의 해석을 가지고 광고 및 마케팅이란 분야와 UX란 개념을 서로 접목시키려 노력했었다.

광고에 관심이 있어도 좋고, 없어도 좋다. UX의 개념을 몰라도 좋다. 아래에 모아놓은 포스팅을 보고 그냥 유익하게 생각하며 읽어도 좋고, 이 책의 본문과는 상관없으니 마음껏 무시해도 좋다. 또한 이 아날로그 포스팅을 보고 무언가 하고 싶은 이야기가 있다면 주저하지 말고 내게 이메일을 보내주길 바란다.

그럼 나는?

아날로그 자필 편지로 답장하겠다. 아날로그와 디지털을 오가는 자기계발 프로젝트에 관심이 있다면, 시선을 이제 아래에 두도록 하자.

● 기업의 사회적 책임과 UX

급속한 정보화의 발전과 탈국가적 산업으로의 변모는 전 세계적으로 'Engagement 시대의 도래'라는 결과를 만들어냈습니다. Engagement 시대란 것은 기업, 고객, 이해 관계자들의 상호 관계에 의한 Mega Trend의 증폭과 이에 따른 각 주체간의 상관관계가 기업의 경영활동에 큰 영향을 미치는 시대를 뜻합니다. 광고정보센터ADIC에서는 Engagement 시대에 요구되는 기업의 관계에 대해 다음과 같은 로드맵을 제시하고 있습니다.

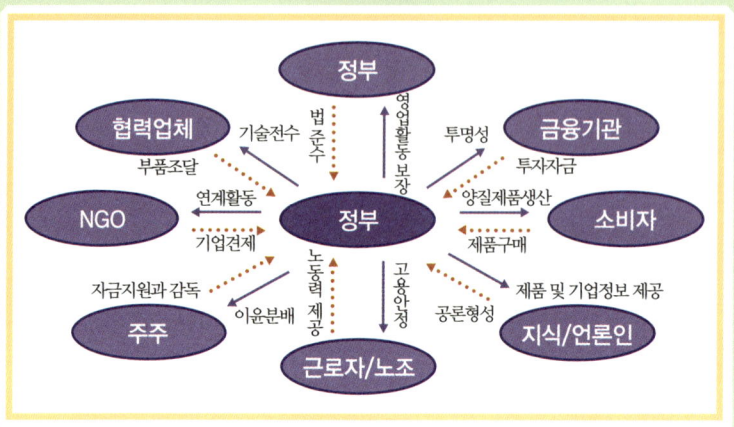

위의 로드맵에서 알 수 있듯이, Engagement 시대에는 기업이 살아남기 위해서 이전처럼 기업과 기업간의 커뮤니케이션만으로는 힘듭니다. 전반적인 경제활동에 영향을 미치는 각 주체간의 관계를 유지하는 것이 기업의 운명을 좌우한다고 해도 과언이 아닌 상황입니다.

이에 따라 강조되고 있는 것이 바로 CSRCorporate Social Responsibility-기업의 사회적 책임인데요. 이미 수많은 사례와 연구를 통해 CSR의 중요성은 많은 기업들이 인식을 하고 있는 상태입니다. 예전에 '강한 기업'이 되길 원했다면, 지금은 '좋은 기업'이 되고자 노력을 하게 된다는 것이지요.

물론 기업들은 자신들을 '좋은 기업'으로 만들어내기 위해 이전처럼 많은 돈을 광고와 봉사활동에 쏟아내며 고객들을 설득하려 합니다. 재미있는 것은 예전보다 더욱 똑똑해지고, 정보를 생산할 수 있는 권력마저 얻게 된 고객들이 좀처럼 그 설득에 넘어가려 하지 않는다는 것이지요.

여기에 UX라는 매력적인 개념은 이러한 기업의 사회적 책임에도 조금씩

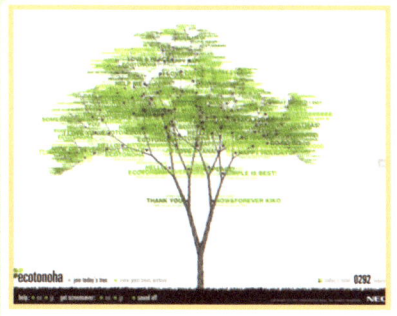

영향을 끼치고 있는 듯합니다.

여기 기업의 사회적 책임과 UX가 결합을 한 좋은 사례가 있는데요. 바로 일본의 NEC가 운영하고 있는 ECOTONOHA 라는 프로젝트입니다.

이 프로젝트의 롤은 간단합니다. 사람들이 ECOTONOHA 사이트에 방문을 하여 댓글을 달게 되면, 100개의 댓글이 모아져서 하나의 나무를 형성합니다.

그리고 NEC는 웹에서 태어난 나무들의 수만큼 지구상 어딘가에 실제로 나무를 심게 되는 것이죠. 실제로 NEC는 호주의 '코끼리 섬'이란 곳에 한 그루씩 나무를 심어서, 2004년까지 55만 그루를 심었다고 하는군요. 인터넷이라는 공간을 활용하여 기업과 방문자가 서로 소통을 하면서 사회적 책임을 완성해 나가는 모습이 절로 감탄을 자아내게 합니다. 여기서 사용자는 '내가 만든 댓글로 직접 나무를 만들어낸다'는 경험을 하게 되고, 이 경험은 기업을 통해 현실세계에서도 실제화되는 것이지요.

이제 일반적인 봉사활동이나 광고의 주입으로 고객들에게 '좋은 기업'임을 보여주기는 힘들어질 것입니다. 기업의 하는 일 그 자체를 고객이 경험하게끔 해야만 할 것입니다. 여기에 UX는 정말 맛있는 소스가 될 수 있을 것입니다. 이러한 변화를 CSR에 국한된 것이 아니라 Engagement 시대에 대두되는 '마케팅의 혁명'이라 칭한다면 과연 무리일까요?

● 당신의 브랜드는 섹시한가?

최근 한국언론재단이 발표한 자료에 따르면 연도별 '섹시'란 단어를 포함한 매체기사 건수에 관련된 추이가 1998년에 246건이었던 것이, 2007년에는 2,666건으로 무려 10배 이상 증가했다고 하네요. 이는 사회적인 이슈가 갈수록 정신적인 부분보다 육체적인 부분으로 이동하고 있음을 시사하는 것 같습니다. 또한 몸에 대한 경제적 관심이 높아졌다는 것으로 달리 설명할 수도 있을 것 같은데요. 최근 웰빙-다이어트, 메트로 섹슈얼, 녹차, 요가 등 좀 더 매력적인 몸으로 만들기 위한 상품을 '히트상품'이라 칭하고 있는 현상들을 살펴보면 부정을 할 수만은 없을 것 같습니다.

어찌 되었든 우리의 주변을 이루는 시장은 갈수록 섹시해지고 있습니다. Unitas BRAND라는 브랜드마케팅 전문잡지가 있는데요. 거기에 소개된 섹시에 대한 재미있는 분석을 하나 소개할까 합니다. '섹시'의 속성에 대한 MAP을 두 가지로 제시하고 있는데 그 중 한 가지 MAP을 보여드리자면 다음과 같습니다.

'매력'과 '관능'으로 이루어진 Y축과 '사실'과 '야한 상상'으로 이루어지는 X축으로 'Sexy'의 속성을 4가지로 분류를 했는데요.

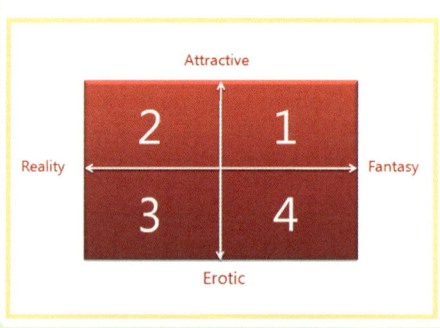

먼저 1사분면은 환상적 상상력을 자극시키고 ex : DKNY, ESTEE LAUDER, 2사분면은 현실에 있을 법한 섹시한 상황을 상상시

키머ex : 캘빈클라인, 3사분면은 지금 당장 저지르고 싶은 욕망을 만들고ex : D&G, GUESS, 4사분면은 한 번쯤 꿈꾸는 일탈을 구체화시킨다고 합니다ex : PLAYSTATION

어떠신가요? 우리가 보통 섹시하다고 생각했던 제품, 광고들로 설명이 되어지지 않나요?

하지만 Unitas BRAND에서는 브랜드 섹시 호르몬은 공급과잉 시장에 섹시로 차별화하는 과정에서 생성이 되어 '고등 브랜드'로의 진화를 도와주는 것이 사실이지만, 어떤 브랜드는 과도한 사용으로 추한 브랜드가 되고, 어떤 브랜드들은 적절한 사용으로 섹시한 브랜드가 되기도 한다는 것을 강조합니다. 즉, Sexy는 브랜드에게 득이 되거나 실이 될 수도 있다는 것이지요.

이걸 판단하는 것은 물론 마케터의 몫입니다. 어쩌면 'Sexy'란 코드는 마케터에게 필수불가결한 전술일지도 모르겠습니다.

중요한 것은 섹시코드를 써야 한다면, 자신의 브랜드가 섹시함을 담아낼 정도로 강력한 아이덴티티를 구축하여 차별화해야 한다는 것입니다. 지금처럼 섹시한 모델에만 의존해서 브랜드에 섹시함을 만들어내려고 한다면 우리는 계속해서 전지현 폰, 이효리 폰처럼 상품은 없고 모델 이름만 있는 마케팅만을 할 수밖에 없습니다. 애플의 아이팟처럼 그 자체만으로도 섹시해질 수 있는 상품과 문화를 만들어낼 수 없을 것입니다.

PS : 갑자기 궁금해진 것. 요즘 '개인 브랜드'란 말이 화두가 되면서 자신을 어떻게 브랜드화시킬지 고민을 하는 분들이 늘어나고 있는 추세인데요. '개인브랜드가 섹시해지려면' 과연 어떻게 해야 할까요? :)

● 누가 산타에게 빨간 옷을 입혔을까?

옆의 그림은 일명 '산타 프리존 Santa Free Zone'이라는 안티산타 운동의 스티커입니다. 이 안티산타 운동은 음료회사가 광고를 위해 만들어낸 '산타클로스'를 반대하는 것으로, 매년 오스트리아와 독일 등을 중심으로 산타에 반대하는 스티커를 붙이는 캠페인을 벌이고 있다고 하네요. 이들의 주장에 따르면 매년 크리스마스 선물의 명목으로 '쇼핑을 조장하는' 산타클로스가 '예수의 탄생을 축복하는' 진정한 의미의 크리스마스를 손상시키고 있다고 하는군요.

네, 이쯤에서 짐작하시겠지만 사실 우리가 흔히 알고 있는 산타클로스의 이미지를 만들어낸 것은 바로 코카콜라의 마케팅이었던 것입니다.

산타클로스라는 말은 270년 소아시아 지방 리키아의 파타라시에서 출생한 성 니콜라스의 이름에서 유래되었습니다. 그는 자선심이 지극히 많았던 사람으로 후에 미라의 대주교가 되어 남몰래 많은 선행을 베풀었다고 하는군요. 특히 아메리카 신대륙에 이주한 네덜란드인들은 산테 클라스라고 불러 자선을 베푸는 자의 전형으로 삼았다고 합니다. 이 발음이 그대로 영어화했고, 19세기에 크리스마스가 전 세계에 알려지면서 '산타클로스'로 변한 것입니다.

하지만 빨갛게 상기된 볼에 드리운 인자한 미소, 부드럽게 곱슬거리는 흰 턱수염과 빨강 모자에 까만 부츠를 신고 어깨엔 커다란 선물 보따리를 둘러맨, 어른들조차 쉽사리 깨고 싶어하지 않는 꿈과 환상의 주인공인 산타클로스는 1913년 코카콜라에 의해 만들어졌습니다. 그 당시 코카콜라 광고를 담당했던 미국의 화가 헤든 선드블롬Jhaddon Sundblom이 크리스마스 시즌에 부진했던 코카콜라의 새로운 캠페인 광고를 위해 주인공을 찾다가 그 당시 다양한 전설로만 전해지고 있었던 산타클로스를 구체화시킨 것입니다. 산타클로스의 트레이드마크인 빨간 옷과 흰 수염은 바로 코카콜라의 로고색과 신선한 거품을 상징화했다고 하네요.

어찌되었든, 이제 산타클로스는 코카콜라만의 마스코트가 아니라 전 세계적인 크리스마스 주인공이 되어버렸습니다. 이 말은 산타클로스가 제공하는 '사용자 경험'이라는 것이 상상도 할 수 없는 가치를 갖고 있음을 의미하지요. 그러한 경험에 익숙해진 우리는 그 환상을 깨기 싫어하고, 계속적으로 후손들에게 그 경험을 전파하려고 합니다. 그렇기 때문에 산타클로스가 들어간 카드와 케이크, 그리고 인형까지 산타가 들어가는 모든 상품들을 해마다 소비하기 시작했고, 그 사이클은 지금까지도 계속해서 유지되고 있습니다.

이렇게 사람들은 때로는 마케팅이 만들어낸 전통을 아무런 비판 없이 수용하고, 문화의 한 부분으로 인식합니다. 자본주의가 고도화되면서 지금은 3.1절 같은 국가적인 기념일보다는 빼빼로데이 같은 상업적인 기념일을 더

중요하게 생각하는 풍토가 생기기도 합니다. 또한 일본의 모리나가 제과에서 초콜릿 판매를 위해서 "여자가 남자에게 사랑을 고백하는 날"이라고 했던 발렌타인데이가 청춘남녀들의 가장 귀중한 기념일이 되어버린 것도 대표적인 예이지요.

과연 이러한 현상을 긍정적인 사회 변화로 수용할지, 아님 '산타 프리존' 캠페인처럼 비판적인 시각으로만 볼지는 진지하게 고민을 해보아야 할 것입니다.

● 버거킹의 광고를 통해 본 '새로운 경험'의 허와 실

기존의 펩시도 그러했지만, 시장에서 2위를 차지하는 브랜드가 가진 유일한 특권은 시장의 1위를 대놓고 비판할 수 있다는 것입니다. 버거킹 역시 패스트푸드 시장에서 1위를 고수하고 있는 맥도날드를 '돌려서 공격'하는 광고 캠페인을 벌여왔습니다.

물론 여기에는 '위트'라는 소구를 이용하여, 자칫 불쾌감이 조성되는 기만광고로 치달을 수 있는 위험을 사전에 방지하는 치밀함도 스며들어 있습니다. 이러한 공격에 1위는 쉽게 반격하지 못합니다. 같은 방법으로 반격을 할 경우 경쟁자의 페이스에 말려들어 기껏 구축한 이미지를 실추할 수도 있으니까요. 그래서 보통 1위들은 자신들이 최고라는 이미지의 반복적 강조를 통해 지금의 포지션을 강화하는 데 주력합니다.

하지만 제가 버거킹의 광고들을 좋아하는 가장 큰 이유는 그들의 광고가 남들의 시선을 의식하지 않고 과감하게 기존의 틀을 깨는 시도를 적극적으로 하고 있기 때문입니다. 그리고 그러한 시도들은 기존의 광고들이 주지

못했던 새로운 경험을 소비자에게 제공하고 있습니다.

자, 이제 버거킹의 어떠한 광고들이 즐거운 사용자 경험을 제공했는지 살펴보도록 하겠습니다.

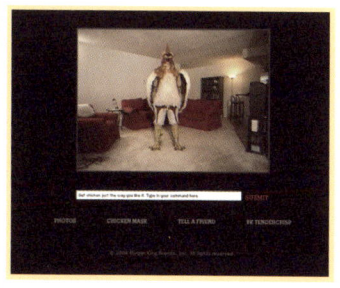

새로운 치킨 샌드위치를 홍보하기 위해 2004년에 론칭된 일명 복종하는 닭 캠페인은 'Have it your way'라는 버거킹의 캐치프라이즈를 온라인상에서 직접 체험하게 하는 캠페인입니다. 이 사이트를 방문하면, 준비된 텍스트박스를 통해 치킨에게 무엇이든(?) 명령을 내릴 수 있고, 그것을 수행하려 노력하는 치킨의 몸부림에 희열감을 느끼게 됩니다. 이것은 쌍방향 커뮤니케이션이 가능한 온라인광고의 장점을 극대화한 대표적인 사례로 꼽히고 있으며, 2005년 프랑스 칸 광고제에서 온라인 광고부문 그랑프리를 수상하기도 했습니다.

또한 버거킹의 파격적인 시도는 광고를 아예 '진짜 즐길 수 있는' 게임으로 만들어버렸습니다.

XBOX KING GAMES INNOVATIVE CAMPAIGN은 버거킹의 마스코트인 킹을 등장시킨 게임을 3편으로 만들어 개당 3.99달러에 BK Value Meal 한 개와 함께 끼워주는 광고 캠페인이었습니다. 이 캠

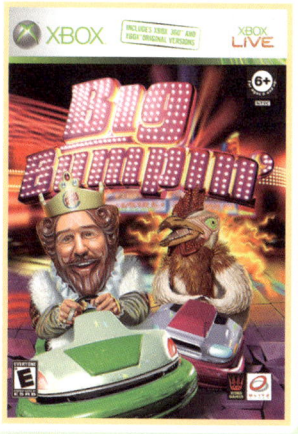

페인은 총 6,680개의 매장에서 판매가 이루어졌으며, 심지어 수많은 상업용 XBOX 게임을 제치고 동기간 내 타이틀 판매량 3위까지 올라가기도 했습니다. 수용자는 단순한 Gift Toy 이상의 기대를 하며 버거킹의 세트를 구입하게 되었고, 성공적으로 치루어진 이 캠페인 역시 2007년 칸 광고제 티타늄 수상을 했습니다.

사실 패스트푸드는 고칼로리라는 태생적 특성 때문에 차츰 공공의 적이 되고 있습니다. 이들을 설득하기 위해 대부분의 식품기업들은 웰빙과 다이어트를 광고 전면에 내세우고 있었습니다. 이에 버거킹은 어떻게 대처했을까요? 바로 이것입니다.

광고의 테마는 '어느 날 갑자기 와퍼를 팔지 않으면 어떤 상황이?'입니다. 버거킹은 손님들에게 더 이상 '와퍼'를 팔지 않는다고 하고 다양한 반응을 몰래카메라식으로 촬영했습니다. 손님들의 반응은 다양합니다. 그리고 광고의 마지막을 장식하는 메시지는 "와퍼를 안 판다고 했던 날, 사람들은 할 말을 잃었다freaked out! 우리는 결코 이들로부터 와퍼를 빼앗지 않을 것이다!"라고 말하며 마무리됩니다. 버거킹은 건강이라는 영역에서는 도저히 싸움이 되지 않는 현실에서 기발한 발상을 통해 또 다른 경험으로 설득을 한 것입니다.

하지만 버거킹의 캠페인이 매번 성공적이지는 않은가 봅니다. 최근 집행된 '킹을 죽여라' 캠페인은 많은 질타를 받고 있으니까요.

광고 내용은 이렇습니다. 세 명의 주부가 미니밴에 앉아서 그들이 만든 BLT 샌드위치에 대해 이야기하고 있습니다. 아이들이 집에서 만든 BLT 샌드위치보다 버거킹에서 파는 샌드위치를 더 좋아하기 때문에 킹을 미니밴으로 치어 암살(?)할 계획을 짜고 있는 것입니다. 신성한 엄마의 영역을 침범한 죄를 묻고자 함이죠.

그런데 메시지를 강하게 전달하기 위해 "죽어라!"라는 표현을 쓴 것이 도리어 거부감을 불러 일으켰던 것입니다.

버거킹의 사례를 보면 발상을 전환하는 시도는 분명 큰 호응을 불러일으킬 가능성이 높지만, 그것이 긍정적일 수도, 때로는 부정적일 수도 있는 양면성을 보인다는 것을 알 수 있습니다. 결국 부정적인 반응을 피하기 위해서는 신선한 시도 역시 윤리적인 틀 안에서 이루어질 수밖에 없다는 것이죠.

사용자에게 새로운 경험을 제공한다는 것도 이러한 암묵적 법칙에서 벗어나기 힘든 것일까요?

● UX로 교감에 성공한 캠페인 사례 – Listen

UX의 뜻이 사용자 경험이라는 것은 너무나도 당연한 이야기이지요. 다시 말하자면, UX란 사람들에게 제공하는 '경험'이라는 가치를 크게 보는 관점에서 나온 용어라고 할 수 있습니다. 그렇다면, 사람들이 느끼는 경험의 힘이라는 것은 얼마나 큰 것일까요?

앞으로 UX가 온라인과 오프라인을 넘나들며 우리의 생활을 바꾸게 할 거대한 개념이라면, UIUser interface부터 시작하여 마케팅 커뮤니케이션 활동에까지 '경험'이라는 가치는 계속해서 중요시 될 것입니다. 그리고 이러한 흐름은 사람들과의 성공적인 커뮤니케이션을 가능하게 할 것이라는 예견도 함께 하는데요.

여기, 새로운 '사용자 경험'을 제공하여 성공적인 반응을 얻어낸, 직접 눈으로 목격한 사례가 있어 소개를 하려 합니다.

살짝, 개인적인 이야기로 시작해 볼까 합니다. 오랜 시간 저와 함께 팀을 이루어 아마추어 광고활동을 하던 선배들이 있었습니다. 서로 학교도 다르고, 사는 곳도 달랐지만 광고를 좋아하고 만들고픈 마음은 같았지요. 어느 날, 각종 국내외 광고대회를 휩쓸며 실력을 키웠던 이분들이 졸업 후 자신들이 하고 싶은 크리에이티브를 자유롭게 하기 위해 스스로 젊은 크리에이티브 그룹인 'CREATIVA'를 만들었습니다. 그리고 그들이 진행하는 프로젝트 중 하나가 매년 진행되었던 '세계 심장의 날' 캠페인의 프로모션을 진행하는 것이었습니다. 하지만 '세계 심장의 날' 캠페인은 아쉽게도 그전까지 별다른 호응 없이 단발성 이벤트에 그쳤던 한계를 가지고 있었습니다.

아무리 막대한 돈을 들여서 심장의 날을 알아라, 심장질환에 대해 알아라 하고 외친들 사람들은 귀를 기울이지 않습니다. 관심을 가질 이유가 없거든요. '세계 심장의 날'이란 캠페인에 사람들을 끌어들이려면 이 내용이 자신과 무관한 이야기라는 인식을 바꾸는 게 시급했습니다. 바로 자신과 관련된 이야기로 만들어야 했습니다. 그를 위한 첫걸음이 바로 관심, 심장에 대한 관심입니다.

무엇이 심장에 좋은 음식이고, 심장질환을 예방하려면 무엇을 해야 하고…… 같은 지금까지의 구구절절한 커뮤니케이션이 아니라, 일단 자신의 심장에 관심을 가지는 순간부터 시작하자는 것이지요.

나의 한계를 넘어선 격정의 순간, 사랑하는 사람과 함께하는 순간 등 여러 순간에 우리는 자신의 심장소리를 듣게 됩니다. 그리고 자신이 살아 있음을 느끼게 되는 것입니다. 그래서 이번 '세계 심장의 날'의 캠페인명은 Listen입니다.

'자신의 심장소리에 귀를 기울여라, 그리고 관심을 가져라.'

Listen 캠페인은 심장의 사용자 경험을 화두로 내세운 캠페인이라 할 수 있습니다.

이대역 앞에서 행사를 진행하며, 계속해서 사람들의 심장소리를 모으고 있습니다. 여기서 모아진 사람들의 심장소리는 추후 세워질 조형물을 통해 보존이 됩니다.

그리고 얼마 전 '그림자가 따라와요'란 전시를 마친 미디어 아티스트 최승준 님이 참여하여 심장소리에 따라 영상이 만

이대역 앞에서 진행된 Listen 캠페인

들어지는 미디어 아트도 경험해 볼 수 있습니다.

 Listen 홈페이지 제작에는 영화 〈달콤한 인생〉 홈페이지로 칸 광고제 금상을 수상하며 이미 그 실력을 입증한 D.O.E.S가 참여하여, HBO의 관음증 캠페인에서도 쓰였던 페이퍼비전 3DPapervision3D라는 기술을 적극적으로 도입, 사람들의 심장소리를 모아놓은 가상공간이 제공하는 사용자 경험을 극대화시키기도 합니다.

 이렇게 자신의 심장소리로 색다른 것을 경험할 수 있는 Listen 캠페인,

심장소리에 따라 영상이 만들어지는 미디어 아트

그 성적표는 어떠할까요?

처음의 우려를 깨고 많은 사람들의 심장소리가 모이기 시작했습니다. 관심 밖에 있던 공익캠페인에 새로운 사용자 경험을 적극적으로 반영하여, 사람들과 감성적 교감을 만드는 것에 성공했던 것입니다. 사람들은 Listen 캠페인 안에서 심장소리 이상의 것을 듣고, 알게 되었습니다.

또한 호란, 하늘, 애즈원 등 국내 인기 가수들이 자신의 심장소리를 넣어 만든 OST도 발매하여 앞으로 그 수익금을 공익활동에 쓰기로 했답니다.

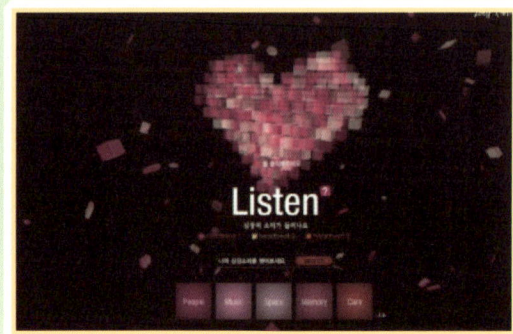
페이퍼비전 3D 기술을 도입한 Listen 홈페이지

사람들과 감성적 교감을 이루어낸 캠페인

Listen 캠페인은 공익캠페인에 대한 흥행이 보증되지 않는 국내에서, 새로운 사용자 경험으로 사람들과 소통할 수 있는 방법을 찾아낸 좋은 사례가 될 것입니다.

광고공모전
참고 자료

● 추천 공모전 관련 사이트

다시 한 번 강조하자면, 처음 공모전을 시작할 때 인터넷의 힘을 빌리면 여러 모로 편리하다. 공모전을 하면서 내가 개인적으로 도움을 많이 받았던 사이트를 소개하자면 다음과 같다.

▶ 대티즌(http://www.detizen.net)

대학생 공모전 정보사이트이다. 광고 공모전뿐 아니라 마케팅, 논문 등 카테고리별로 도전할 수 있는 공모전 정보들을 잘 정리해 놓았다. 어떤 공모전을 할지 고민이라면, 먼저 이곳에서 정보를 얻는 것도 좋은 방법이다.

▶ 애퓨(http://cafe.naver.com/adfuture.cafe)

대표적인 대학생 광고공모전 커뮤니티 중 하나이다. 이곳에는 많은 대학생 예비 광고인들의 수상작, 출품작들을 감상할 수 있으며 의견도 공유할 수 있다. 팀원 구하기 게시판도 있는데 팀원을 구하고 싶다면 이곳에서 구하는 것이 좋다. 이곳에서 소개팅(?)이 성사되어 좋은 팀원들을 만난다면, 공모전을 하면서도 더욱 즐겁게 임할 수 있고, 상까지 받는다면 기쁨도 서로 나누어 두 배가 되니 이것이야말로 일석이조인 셈이다.

● 광고자료를 보는 데 도움이 되는 사이트

이미 대중들에게 공개된 광고들은 철저하게 검증과정을 거쳐서 완성된 아이디어의 산물이다. 따라서 광고들을 많이 보면 좋은 아이디어를 얻기가 좀 더 수월해질 것이다. 멋진 광고를 보면 광고인이 되고 싶은 꿈을 다시 확인할 수 있게 된다. 더군다나 지속적으로 광고자료를 보면 아이디어 발상에 필요한 베이직을 깔 수 있기 때문에 굳이 공모전 할 때만이 아니더라도, 해외의 재미있는 광고들을 찾아보는 습관을 기르는 것이 좋다. 다음은 인터넷에서 광고자료들을 쉽게 접할 수 있는 사이트들을 모아놓은 것이다.

▶스투시 님의 블로그 (http://blog.naver.com/stussy9505)

국내외 광고들뿐 아니라 마케팅 관련 포스팅도 활발히 이루어지고 있다.

▶Banner blog (http://www.bannerblog.com.au)

배너 광고 전문 블로그이다. 전 세계의 크리에이티브한 배너 광고를 보고 싶다면 꼭 방문해 보자. 매일매일 새로운 배너 광고들이 업데이트 된다.

▶Ads of the world (http://adsoftheworld.com)

▶ Ad goodness (http://www.frederiksamuel.com/blog)

▶ Coloribus (http://www.coloribus.com)

인쇄 크리에이티브를 보기 위해 반드시 들러야 할 3곳. 이곳의 방대한 자료들은 타의 추종을 불허한다.

● 출품 후 사후관리는 커뮤니티에서

자신의 작품을 최대한 많은 사람들에게 보여주어야 실력이 향상된다. 공모전에 출품이 끝나면 공모전 커뮤니티에 출품작을 올리는 것도 잊지 말자. 처음에는 커뮤니티에 작품을 올리는 것이 다소 쑥스럽고 행여 악플이라도 달릴까봐 조마조마할 것이다. 하지만 막상 올리면 광고를 좋아하는 사람들로부터 좋은 조언을 얻거나 따끔한 지적을 받을 수 있다. 만약 아쉽게 수상을 못하더라도 팀 안의 의견을 벗어나 그 작품에 대한 다양한 피드백을 받을 수 있으므로, 실력이 향상되는 것은 말할 것도 없다. 상황에 따라서는 댓글을 통해 좋은 사람을 한 명 더 알게 되는 셈이다.

20대 청춘단련법

초판 1쇄 인쇄 2010년 12월 16일   초판 1쇄 발행 2010년 12월 21일

지은이 최중식   펴낸이 연준혁

출판1분사 편집장 최혜진
편집 한수미   디자인 하은혜
제작 이재승 송현주

펴낸곳 (주)위즈덤하우스   출판등록 2000년 5월 23일 제13-1071호
주소 (410-380) 경기도 고양시 일산동구 장항동 846번지 센트럴프라자 6층
전화 031) 936-4000   팩스 031) 903-3891
전자우편 yedam1@wisdomhouse.co.kr   홈페이지 www.wisdomhouse.co.kr
출력 엔터   종이 화인페이퍼   인쇄·제본 (주)현문

값 12,000원   ISBN 978-89-6086-421-4 03320

* 잘못된 책은 바꿔드립니다.
* 이 책의 전부 또는 일부 내용을 재사용하려면
  사전에 저작권자와 (주)위즈덤하우스의 동의를 받아야 합니다.

국립중앙 도서관 출판시도서목록(CIP)

20대 청춘단련법 : 스펙을 이기는 필살기 트레이닝 / 최중식 지음. ― 고양 : 위즈덤하우스, 2010
p. ; cm
ISBN 978-89-6086-421-4 03320 : ₩12000
성공법[成功法]
청년훈[青年訓]
199.5-KDC5
179.9-DDC21   CIP2010004595